CANADA

Codification administrative des

LOIS CONSTITUTIONNELLES DE 1867 à 1982

MINISTÈRE DE LA JUSTICE
CANADA

Lois codifiées au 17 avril 1982

En vente au Canada par l'entremise de nos

agents libraires agréés
et autres librairies

ou par la poste au:

Centre d'édition du gouvernement du Canada
Approvisionnements et Services Canada
Ottawa, Canada, K1A 0S9

N° de catalogue YX 1-1-1982 Canada: $5.25
ISBN 0-660-52101-6 à l'étranger: $6.30

Prix sujet à changement sans avis préalable

AVANT-PROPOS

La présente codification contient le texte de l'*Acte de l'Amérique du Nord britannique, 1867* (dont le titre est devenu *Loi constitutionnelle de 1867* en vertu de la *Loi constitutionnelle de 1982*), avec les modifications apportées depuis son adoption, ainsi que le texte de la *Loi constitutionnelle de 1982*. Cette dernière loi contient la *Charte canadienne des droits et libertés* et d'autres dispositions nouvelles, notamment en ce qui concerne la procédure de modification de la Constitution du Canada.

De plus, l'annexe de la *Loi constitutionnelle de 1982* abroge certains textes constitutionnels et modifie le titre d'autres textes. Par exemple, l'*Acte de l'Amérique du Nord britannique, 1949* est devenu *Loi sur Terre-Neuve*. Ce sont ces nouveaux titres qui paraissent dans la présente codification. Quant aux anciens titres ils figurent à l'annexe de la *Loi constitutionnelle de 1982*.

La *Loi constitutionnelle de 1982* a été adoptée comme annexe B de la *Loi de 1982 sur le Canada* (R.-U.) 1982, c. 11. Elle est toutefois présentée dans la présente codification comme loi distincte, après la *Loi constitutionnelle de 1867*, alors que la *Loi de 1982 sur le Canada* figure au premier renvoi relatif à la *Loi constitutionnelle de 1982*.

La *Loi constitutionnelle de 1867* a subi plusieurs modifications indirectes, non seulement de la part du Parlement du Royaume-Uni, mais aussi, dans les cas où elle le permettait, de la part du Parlement du Canada et des législatures provinciales. Si ces modifications ont été incluses, c'est qu'une codification qui ne contiendrait que les modifications faites directement au texte original ne donnerait pas tout l'état de la loi. La présente codification a donc pour objet de reproduire exactement la substance de la législation contenue dans tous les textes qui ont modifié les dispositions de la *Loi constitutionnelle de 1867*.

La méthodologie appliquée aux diverses catégories de dispositions qui ont modifié la *Loi constitutionnelle de 1867* est présentée ci-dessous.

I. MODIFICATIONS DIRECTES

1. *Abrogations*

Les dispositions abrogées — l'article 2, par exemple — ont été retranchées du texte et sont citées dans un renvoi en bas de page.

2. *Modifications*

Les dispositions modifiées — l'article 4, par exemple — sont reproduites dans le texte sous leur nouvelle forme et les dispositions originales sont citées dans un renvoi en bas de page.

3. *Adjonctions*

Les dispositions ajoutées — l'article 91A, par exemple — ont été incluses dans le texte.

4. *Substitutions*

Les dispositions substituées — l'article 18, par exemple — ont été incluses dans le texte et les anciennes dispositions sont citées dans un renvoi en bas de page.

II. Modifications indirectes

1. *Changements apportés par le Parlement du Royaume-Uni*

Les dispositions que le Parlement du Royaume-Uni a changées autrement que par modification directe — l'article 21, par exemple — ont été incluses dans le texte sous leur nouvelle forme et les dispositions originales sont citées dans un renvoi en bas de page.

2. *Adjonctions effectuées par le Parlement du Royaume-Uni*

Les dispositions constitutionnelles ajoutées autrement que par des adjonctions à la *Loi constitutionnelle de 1867* — par exemple, les dispositions de la *Loi constitutionnelle de 1871* autorisant le Parlement à légiférer pour tout territoire non compris dans une province — ne sont pas incorporées au texte, mais sont citées dans un renvoi en bas de page.

3. *Changements apportés par le Parlement du Canada*

Les dispositions pouvant être modifiées par le Parlement du Canada — l'article 37, par exemple — ont été incluses dans le texte sous leur nouvelle forme, chaque fois que possible; dans le cas contraire — l'article 40, par exemple — le texte conserve l'article original avec, en bas de page, un renvoi à la loi du Parlement du Canada qui a effectué le changement.

4. *Changements apportés par les législatures*

Les dispositions pouvant être modifiées par les législatures provinciales en vertu d'une autorisation expresse — les articles 83 et 84, par exemple — ou en vertu du paragraphe 1 de l'article 92 — comme les articles 70 et 72 — ont été incluses dans le texte sous leur forme originale. Les renvois en bas de page portent sur les dispositions législatives provinciales à l'origine de ces changements. Toutefois, les modifications dont ces dispositions législatives provinciales ont été l'objet n'ont pas été incluses car on peut aisément en prendre connaissance en consultant l'index des lois des provinces. En outre, ces renvois ne se rapportent qu'aux dispositions législatives des quatre premières provinces. Il existe des textes similaires adoptés par les provinces créées après 1867.

III. Dispositions périmées

Certains renvois en bas de page se rapportent aux articles périmés ou probablement périmés. Ainsi, l'article 119 est devenu périmé avec le temps, ce qu'indique le renvoi en bas de page; par ailleurs, l'article 140 est probablement périmé mais à moins d'examiner toutes les lois adoptées avant la Confédération, on ne pourrait en être formellement certain; c'est la raison pour laquelle le renvoi en bas de page signale que cet article est probablement périmé.

Les dispositions adoptées par le Parlement du Royaume-Uni ou par le Parlement du Canada ainsi que les arrêtés en conseil portant admission de territoires, mentionnés en bas de page, sont inclus dans l'appendice II des Statuts revisés du Canada de 1970 et dans les volumes suivants des Statuts du Canada.

La présente version française des lois dont le texte original n'existe qu'en anglais est officieuse et reproduit, avec seulement les modifications de forme qui s'imposaient, la traduction littérale officieuse qui figure à l'appendice II des APPENDICES des Statuts revisés du Canada de 1970. Un texte officiel remaniant cette traduction littérale de l'anglais sera établi dans le cadre de l'article 55 de la *Loi constitutionnelle de 1982*.

* * * * * * * * * * *

La présente codification comporte de multiples annotations établies par M. E. A. Driedger, c.r., dont la dernière publication par le ministère de la Justice, en 1976, portait le titre d'*Actes de l'Amérique du Nord britannique de 1867 à 1975*. Ce document a été mis à jour selon les besoins. Le ministère exprime sa gratitude à M. Driedger pour sa précieuse contribution.

LOI CONSTITUTIONNELLE DE 1867

30 et 31 Victoria, c. 3

(Codifié avec modifications)

Loi portant union et gouvernement du Canada, de la Nouvelle-Écosse et du Nouveau-Brunswick et prévoyant les mesures nécessaires à cette fin.

(29 mars 1867)

CONSIDÉRANT que les provinces du Canada, de la Nouvelle-Écosse et du Nouveau-Brunswick ont exprimé le désir de s'unir en fédération pour former un seul et même dominion sous la Couronne du Royaume-Uni de Grande-Bretagne et d'Irlande, avec une constitution semblable dans son principe à celle du Royaume-Uni;

CONSIDÉRANT qu'une telle union aurait pour effet de développer la prospérité des provinces et de favoriser les intérêts de l'Empire britannique;

CONSIDÉRANT qu'il est opportun, concurremment avec l'établissement de l'Union par autorité du Parlement, non seulement de prévoir l'établissement du pouvoir législatif du dominion, mais aussi de définir la nature de son pouvoir exécutif;

CONSIDÉRANT qu'il est nécessaire de prévoir l'admission éventuelle d'autres parties de l'Amérique du Nord britannique dans l'Union; (1)

I. PRÉLIMINAIRES

1. Titre abrégé : *Loi constitutionnelle de 1867.* (2) Titre abrégé

---

(1) La *Loi de 1893 sur la revision du droit statutaire*, 56-57 Victoria, c. 14 (R.-U.), a abrogé l'alinéa suivant, qui renfermait la formule de décret :

> A ces causes, Sa Très Excellente Majesté la Reine, de l'avis et du consentement des Lords Spirituels et Temporels et des Communes, en ce présent parlement assemblés, et par leur autorité décrète et déclare ce qui suit :

(2) Tel qu'édicté par la *Loi constitutionnelle de 1982*, entrée en vigueur le 17 avril 1982. Texte de l'article original :

> 1. Titre abrégé : *Acte de l'Amérique du Nord britannique* (1867).

2. Abrogé. (3)

II. UNION

Établissement de l'Union

3. Il sera loisible à la Reine, sur l'avis du très honorable Conseil privé de Sa Majesté, de déclarer par proclamation qu'à compter de la date qui y est fixée, mais au plus tard six mois après l'adoption de la présente loi, les provinces du Canada, de la Nouvelle-Écosse et du Nouveau-Brunswick formeront un seul et même dominion sous le nom de Canada; et, dès cette date, ces trois provinces formeront, en conséquence, un seul et même dominion sous ce nom. (4)

Interprétation des dispositions subséquentes de la loi

4. Sauf indication contraire explicite ou implicite, le nom de Canada s'entendra du Canada tel qu'il est constitué en vertu de la présente loi. (5)

Quatre provinces

5. Le Canada sera divisé en quatre provinces dénommées Ontario, Québec, Nouvelle-Écosse et Nouveau-Brunswick. (6)

---

(3) Texte de l'article 2, abrogé par la *Loi de 1893 sur la revision du droit statutaire*, 56-57 Victoria, c. 14 (R.-U.) :

> **2.** Les dispositions de la présente loi relatives à Sa Majesté la Reine s'appliquent également aux héritiers et successeurs de Sa Majesté, Rois et Reines du Royaume-Uni de la Grande-Bretagne et d'Irlande.

(4) Le premier jour de juillet 1867 fut fixé par proclamation en date du 22 mai 1867.

(5) Partiellement abrogé par la *Loi de 1893 sur la revision du droit statutaire*, 56-57 Victoria, c. 14 (R.-U.). Texte actuel de l'article original :

> **4.** Les dispositions subséquentes de la présente loi, à moins que le contraire n'y apparaisse explicitement ou implicitement, prendront leur pleine vigueur dès que l'Union sera effectuée, c'est-à-dire le jour à compter duquel, aux termes de la proclamation de la Reine, l'Union sera déclarée un fait accompli; dans les mêmes dispositions, à moins que le contraire n'y apparaisse explicitement ou implicitement, le nom de Canada signifiera le Canada tel que constitué sous la présente loi.

(6) Le Canada se compose maintenant de dix provinces (l'Ontario, le Québec, la Nouvelle-Écosse, le Nouveau-Brunswick, le Manitoba, la Colombie-Britannique, l'Île-du-Prince-Édouard, l'Alberta, la Saskatchewan et Terre-Neuve) et de deux territoires (le territoire du Yukon et les territoires du Nord-Ouest).

Les premiers territoires ajoutés à l'Union furent la Terre de Rupert et le territoire du Nord-Ouest (subséquemment appelés «territoires du Nord-Ouest»), admis selon l'article 146 de la *Loi constitutionnelle de 1867* et *l'Acte de la Terre de Rupert (1868)*, 31-32 Victoria, c. 105 (R.-U.), par le *décret en conseil sur la Terre de Rupert et le territoire du Nord-Ouest* du 23 juin 1870, applicable à partir du 15 juillet 1870. Avant l'admission de ces territoires, le Parlement du Canada avait édicté l'*Acte concernant le gouvernement provisoire de la Terre de Rupert et du territoire du Nord-Ouest après que ces territoires auront été unis au Canada*, 32-33 Victoria, c. 3 et la *Loi de 1870 sur le Manitoba*, 33 Victoria, c. 3, où l'on prévoyait la formation de la province du Manitoba.

La province de la Colombie-Britannique fut admise dans l'Union, conformément à l'article 146 de la *Loi constitutionnelle de 1867*, par les *conditions de l'adhésion de la Colombie-Britannique*, décret en conseil du 16 mai 1871, entré en vigueur le 20 juillet 1871.

6. Les parties de la province du Canada (telle qu'elle existe lors de l'adoption de la présente loi) qui constituaient autrefois les provinces respectives du Haut et du Bas-Canada seront réputées être séparées et formeront deux provinces distinctes. La partie qui constituait autrefois la province du Haut-Canada formera la province d'Ontario et la partie qui constituait la province du Bas-Canada formera la province de Québec.

Province d'Ontario et province de Québec

7. Les provinces de la Nouvelle-Écosse et du Nouveau-Brunswick auront les mêmes limites qu'elles avaient lors de l'adoption de la présente loi.

Provinces de la Nouvelle-Écosse et du Nouveau-Brunswick

8. Lors du recensement général de la population du Canada qui, en vertu de la présente loi, devra avoir lieu en mil huit cent soixante et onze, et, par la suite, tous les dix ans, il sera fait une énumération distincte des populations respectives des quatre provinces.

Recensement décennal

III. Pouvoir exécutif

9. A la Reine continueront d'être et sont par les présentes attribués le gouvernement et le pouvoir exécutifs du Canada.

La Reine est investie du pouvoir exécutif

L'Île-du-Prince-Édouard fut admise selon l'article 146 de la *Loi constitutionnelle de 1867* par les *conditions de l'adhésion de l'Île-du-Prince-Édouard*, décret en conseil du 26 juin 1873, applicable à compter du 1er juillet 1873.

Le 29 juin 1871, le Parlement du Royaume-Uni édictait la *Loi constitutionnelle de 1871*, 34-35 Victoria, c. 28, autorisant la création de provinces additionnelles sur des territoires non compris dans une province. En conformité avec cette loi, le Parlement du Canada a édicté la *Loi sur l'Alberta* (20 juillet 1905, 4-5 Édouard VII, c. 3) et la *Loi sur la Saskatchewan* (20 juillet 1905, 4-5 Édouard VII, c. 42), lesquelles prévoyaient la création des provinces de l'Alberta et de la Saskatchewan, respectivement. Ces deux lois sont entrées en vigueur le 1er septembre 1905.

Entre-temps, tous les autes territoires et possessions britanniques en Amérique du Nord et les îles y adjacentes, sauf la colonie de Terre-Neuve et ses dépendances, furent admis dans la Confédération canadienne par le *décret en conseil sur les territoires adjacents* du 31 juillet 1880.

Le Parlement du Canada a ajouté, en 1912, des parties des territoires du Nord-Ouest aux provinces contiguës, par application de la *Loi de l'extension des frontières de l'Ontario*, 2 George V, c. 40, de la *Loi de l'extension des frontières de Québec, 1912*, 2 George V, c. 45, et de la *Loi de l'extension des frontières du Manitoba, 1912*, 2 George V, c. 32. La *Loi du prolongement des frontières du Manitoba, 1930*, 20-21 George V, c. 28, apporta de nouvelles additions au Manitoba.

Le territoire du Yukon fut détaché des territoires du Nord-Ouest, en 1898, par l'*Acte du territoire du Yukon*, 61 Victoria, c. 6 (Canada).

Le 31 mars 1949, Terre-Neuve était ajoutée en vertu de la *Loi sur Terre-Neuve* (R.-U.), 12-13 George VI, c. 22, qui ratifiait les Conditions d'Union entre le Canada et Terre-Neuve.

Application des dispositions relatives au gouverneur général

10. Les dispositions de la présente loi relatives au gouverneur général s'étendent et s'appliquent au gouverneur général du Canada actuellement en fonctions, ou à tout premier dirigeant ou administrateur gouvernant actuellement le Canada au nom de la Reine, quel que soit le titre sous lequel on le désigne.

Constitution du Conseil privé

11. Il y aura, pour aider dans l'administration du gouvernement du Canada et donner des avis à cet égard, un conseil nommé le Conseil privé de la Reine pour le Canada; les personnes qui seront appelées à en faire partie seront choisies et mandées par le gouverneur général et assermentées à titre de conseillers privés; les membres de ce conseil peuvent être révoqués par le gouverneur général.

Pouvoirs conférés au gouverneur général, en conseil ou seul

12. Tous les pouvoirs, attributions et fonctions qui — par une loi du Parlement de la Grande-Bretagne, du Parlement du Royaume-Uni de Grande-Bretagne et d'Irlande, ou de la Législature du Haut-Canada, du Bas-Canada, du Canada, de la Nouvelle-Écosse ou du Nouveau-Brunswick, lors de l'Union — sont conférés aux gouverneurs ou lieutenants-gouverneurs respectifs de ces provinces ou peuvent être exercés par eux, sur l'avis ou sur l'avis et avec le consentement du conseil exécutif respectif de ces provinces, ou avec le concours de ce conseil, ou de ses membres, ou par ces gouverneurs ou lieutenants-gouverneurs individuellement, seront — en tant qu'ils continueront d'exister et qu'ils pourront être exercés, après l'Union, relativement au gouvernement du Canada — conférés au gouverneur général et pourront être exercés par lui, sur l'avis ou sur l'avis et avec le consentement ou avec le concours du Conseil privé de la Reine pour le Canada ou d'un de ses membres, ou par le gouverneur général individuellement, selon le cas. Toutefois, ces pouvoirs, attributions et fonctions (sauf à l'égard de ceux qui existent en vertu de lois du Parlement de la Grande-Bretagne ou du Parlement du Royaume-Uni de Grande-Bretagne et d'Irlande) pourront être révoqués ou modifiés par le Parlement du Canada. (7)

Application des dispositions relatives au gouverneur général en conseil

13. Les dispositions de la présente loi relatives au gouverneur général en conseil seront interprétées de manière à s'appliquer au gouverneur général agissant sur l'avis du Conseil privé de la Reine pour le Canada.

---

(7) Voir la note relative à l'article 129, *infra*.

14. Il sera loisible à la Reine, si Sa Majesté le juge à propos, d'autoriser le gouverneur général à nommer, de temps à autre, une ou plusieurs personnes, conjointement ou séparément, pour agir comme son ou ses suppléants dans toute partie ou toutes parties du Canada, pour exercer en cette capacité, durant le plaisir du gouverneur général, les pouvoirs, attributions et fonctions du gouverneur général que celui-ci jugera à propos ou nécessaire de lui ou de leur assigner, sous réserve des restrictions ou instructions formulées ou communiquées par la Reine; mais la nomination d'un tel suppléant ou de tels suppléants n'aura pas pour effet d'empêcher le gouverneur général lui-même d'exercer les pouvoirs, attributions ou fonctions qui lui sont conférés.

Le gouverneur général est autorisé à s'adjoindre des suppléants

15. A la Reine continuera d'être et est par les présentes attribué le commandement en chef au Canada des milices de terre et de mer et de toutes les forces navales et militaires du Canada.

Commandement des armées

16. Jusqu'à ce qu'il plaise à la Reine d'en ordonner autrement, Ottawa sera le siège du gouvernement du Canada.

Siège du gouvernement du Canada

IV. Pouvoir législatif

17. Il y aura, pour le Canada, un Parlement composé de la Reine, d'une chambre haute appelée le Sénat et de la Chambre des communes.

Constitution du Parlement du Canada

18. Les privilèges, immunités et pouvoirs que posséderont et exerceront le Sénat et la Chambre des communes, et leurs membres, seront ceux qui auront été prescrits de temps à autre par une loi du Parlement du Canada, mais de manière à ce qu'aucune loi du Parlement du Canada définissant tels privilèges, immunités et pouvoirs ne confère des privilèges, immunités ou pouvoirs excédant ceux qui, lors de l'adoption de la loi en question, sont possédés et exercés par la Chambre des communes du Parlement du Royaume-Uni de Grande-Bretagne et d'Irlande et par ses membres. (8)

Privilèges, etc., des chambres

---

(8) Abrogé et réédicté par l'*Acte du Parlement du Canada (1875)*, 38-39 Victoria, c. 38 (R.-U.). Texte de l'article original :

> **18.** Les privilèges, immunités et pouvoirs que posséderont et exerceront le Sénat, la Chambre des communes et les députés et sénateurs, seront ceux prescrits de temps à autre par acte du Parlement du Canada; ils ne devront cependant jamais excéder ceux possédés et exercés, lors de la passation de la présente loi, par la Chambre des communes du Parlement du Royaume-Uni de la Grande-Bretagne et d'Irlande et par ses députés.

Première session du Parlement

19. Le Parlement du Canada sera convoqué dans un délai d'au plus six mois après l'Union. (9)

Session annuelle du Parlement

20. Abrogé. (10)

Le Sénat

Nombre de sénateurs

21. Sous réserve des dispositions de la présente loi, le Sénat se composera de cent quatre membres qui seront appelés sénateurs. (11)

Représentation des provinces au Sénat

22. En ce qui concerne la composition du Sénat, le Canada sera réputé comprendre quatre divisions :

1. l'Ontario;
2. le Québec;
3. les provinces maritimes — la Nouvelle-Écosse et le Nouveau-Brunswick — ainsi que l'Île-du-Prince-Édouard;
4. les provinces de l'Ouest : le Manitoba, la Colombie-Britannique, la Saskatchewan et l'Alberta;

les quatre divisions doivent (sous réserve des dispositions de la présente loi) être également représentées au Sénat, comme suit : l'Ontario par vingt-quatre sénateurs; le Québec par vingt-quatre sénateurs; les provinces maritimes et l'Île-du-Prince-Édouard par vingt-quatre sénateurs, dont dix

---

(9) Périmé. La première session du premier Parlement débuta le 6 novembre 1867.

(10) Texte de l'article 20, abrogé par l'annexe de la *Loi constitutionnelle de 1982* :

> **20.** Il y aura une session du Parlement du Canada une fois au moins chaque année, de manière qu'il ne s'écoule pas un intervalle de douze mois entre la dernière séance d'une session du Parlement et sa première séance de la session suivante.
>
> L'article 20 a été remplacé par l'article 5 de la *Loi constitutionnelle de 1982* qui prévoit que le Parlement et les législatures tiennent une séance au moins une fois tous les douze mois.

(11) Tel que modifié par la *Loi constitutionnelle de 1915*, 5-6 George V, c. 45 (R.-U.), et la *Loi sur Terre-Neuve*, 12-13 George V, c. 22 (R.-U.), et la *Loi constitutionnelle nº 2 de 1975*, S.C. 1974-75-76, c. 53.

Texte de l'article original :

> **21.** Sujet aux dispositions de la présente loi, le Sénat se composera de soixante-douze membres, qui seront appelés sénateurs.

La *Loi de 1870 sur le Manitoba* en a ajouté deux pour ladite province; les conditions de l'adhésion de la Colombie-Britannique en ont ajouté trois; lors de l'admission de l'Île-du-Prince-Édouard, quatre autres postes de sénateurs furent prévus par l'article 147 de la *Loi constitutionnelle de 1867*; la *Loi sur l'Alberta* et la *Loi sur la Saskatchewan* en ont chacun ajouté quatre. Le nombre des sénateurs fut porté à quatre-vingt-seize par la *Loi constitutionnelle de 1915*. L'Union avec Terre-Neuve en a ajouté six autres et la *Loi constitutionnelle nº 2 de 1975* a ajouté un sénateur pour le territoire du Yukon et un pour les territoires du Nord-Ouest.

représentent la Nouvelle-Écosse, dix le Nouveau-Brunswick, et quatre l'Île-du-Prince-Édouard; les provinces de l'Ouest par vingt-quatre sénateurs, dont six représentent le Manitoba, six la Colombie-Britannique, six la Saskatchewan et six l'Alberta; la province de Terre-Neuve aura droit d'être représentée au Sénat par six sénateurs; le territoire du Yukon et les territoires du Nord-Ouest ont le droit d'être représentés au Sénat par un sénateur chacun.

En ce qui concerne la province de Québec, chacun des vingt-quatre sénateurs la représentant sera nommé pour l'un des vingt-quatre collèges électoraux du Bas-Canada énumérés à l'annexe A du chapitre premier des Statuts revisés du Canada. (12)

Qualités requises des sénateurs

23. Les qualités requises d'un sénateur sont les suivantes :

(1) il devra être âgé de trente ans révolus;

(2) il devra être sujet de la Reine par le fait de la naissance ou sujet de la Reine naturalisé par loi du Parlement de la Grande-Bretagne, du Parlement du Royaume-Uni de Grande-Bretagne et d'Irlande, ou de la Législature de l'une des provinces du Haut-Canada, du Bas-Canada, du Canada, de la Nouvelle-Écosse ou du Nouveau-Brunswick, avant l'Union, ou du Parlement du Canada, après l'Union;

(3) il devra posséder, pour son propre usage et bénéfice, comme propriétaire en droit ou en équité, des terres ou tènements détenus en franc et commun socage, ou être en bonne saisine ou possession, pour son propre usage et bénéfice, de terres ou tènements détenus en franc-

---

(12) Modifié par la *Loi constitutionnelle de 1915*, la *Loi sur Terre-Neuve*, 12-13 George VI, c. 22 (R.-U.) et la *Loi constitutionnelle n° 2 de 1975*, S.C. 1974-75-76, c. 53. Texte de l'article original :

> **22.** En ce qui concerne la composition du Sénat, le Canada sera réputé comprendre trois divisions :
>
> 1. l'Ontario;
>
> 2. le Québec;
>
> 3. les provinces maritimes, la Nouvelle-Écosse et le Nouveau-Brunswick.
>
> Ces trois divisions seront, sujettes aux dispositions de la présente loi, également représentées au Sénat, comme suit : l'Ontario par vingt-quatre sénateurs; le Québec par vingt-quatre sénateurs; et les provinces maritimes par vingt-quatre sénateurs, dont douze représenteront la Nouvelle-Écosse, et douze le Nouveau-Brunswick.
>
> En ce qui concerne la province de Québec, chacun des vingt-quatre sénateurs la représentant sera nommé pour l'un des vingt-quatre collèges électoraux du Bas-Canada énumérés dans l'annexe A, au chapitre premier des Statuts revisés du Canada.

alleu ou en roture dans la province pour laquelle il est nommé, de la valeur de quatre mille dollars en sus de toutes rentes, dettes, charges, hypothèques et redevances qui peuvent être imputées, dues et payables sur ces immeubles ou auxquelles ils peuvent être affectés;

(4) ses biens mobiliers et immobiliers devront valoir en tout quatre mille dollars, en sus de toutes ses dettes et obligations;

(5) il devra être domicilié dans la province pour laquelle il est nommé;

(6) en ce qui concerne la province de Québec, il devra être domicilié, ou posséder les biens-fonds requis, dans le collège électoral pour lequel il est nommé. (13)

Nomination des sénateurs

24. Le gouverneur général mandera au Sénat, de temps à autre, au nom de la Reine et par instrument sous le grand sceau du Canada, des personnes ayant les qualités requises et, sous réserve des dispositions de la présente loi, les personnes ainsi mandées deviendront et seront membres du Sénat et sénateurs.

25. Abrogé. (14)

Nombre de sénateurs augmenté en certains cas

26. Lorsque la Reine juge à propos, sur la recommandation du gouverneur général, d'ordonner que quatre ou huit membres soient ajoutés au Sénat, le gouverneur général pourra, par mandat adressé à quatre ou huit personnes, selon le cas, ayant les qualités requises et représentant également les quatre divisions du Canada, les ajouter au Sénat. (15)

---

(13) L'article 2 de la *Loi constitutionnelle n° 2 de 1975*, S.C. 1974-75-76, c. 53 déclare que pour l'application de cette loi (qui ajoute un sénateur chacun pour le territoire du Yukon et les territoires du Nord-Ouest), le terme «province» a, à l'article 23 de la *Loi constitutionnelle de 1867*, le même sens que dans l'article 28 de la *Loi d'interprétation*, S.R.C. 1970, c. I-23, qui prévoit que le terme «province» signifie «une province du Canada et comprend le territoire du Yukon et les territoires du Nord-Ouest».

(14) Abrogé par la *Loi de 1893 sur la revision du droit statutaire*, 56-57 Victoria, c. 14 (R.-U.). Texte de l'article original :

> **25.** Les premières personnes appelées au Sénat seront celles que la Reine, par mandat sous le seing royal, jugera à propos de désigner, et leurs noms seront insérés dans la proclamation de la Reine décrétant l'Union.

(15) Tel que modifié par la *Loi constitutionnelle de 1915*, 5-6 George V, c. 45 (R.-U.). Texte de l'article original :

> **26.** Si à quelque époque, sur la recommandation du gouverneur général, la Reine juge à propos d'ordonner que trois ou six membres soient ajoutés au Sénat, le gouverneur général pourra par mandat adressé à trois ou six personnes (selon le cas) ayant les qualifications voulues et représentant également les trois divisions du Canada les ajouter au Sénat.

27. Au cas où le nombre des sénateurs serait ainsi augmenté, le gouverneur général ne mandera plus personne au Sénat, sauf autre ordre semblable de la Reine donné à la suite d'une recommandation semblable, pour représenter une des quatre divisions jusqu'à ce que cette division soit représentée par vingt-quatre sénateurs et non davantage. (16)

Réduction du Sénat au nombre normal

28. Le nombre des sénateurs ne devra à aucun moment excéder cent douze. (17)

Nombre maximum des sénateurs

29. (1) Sous réserve du paragraphe (2), un sénateur détient ses fonctions à vie, sous réserve des dispositions de la présente loi.

Sénateurs nommés à vie

(2) Un sénateur qui est nommé au Sénat après l'entrée en vigueur du présent paragraphe y détient ses fonctions, sous réserve de la présente loi, jusqu'à l'âge de soixante-quinze ans. (18)

Retraite à l'âge de soixante-quinze ans

30. Un sénateur pourra, par écrit revêtu de son seing et adressé au gouverneur général, se démettre de ses fonctions au Sénat, après quoi son siège deviendra vacant.

Les sénateurs peuvent se démettre de leurs fonctions

31. Le siège d'un sénateur deviendra vacant dans chacun des cas suivants :

Disqualification des sénateurs

(1) si, durant deux sessions consécutives du Parlement, il n'assiste pas aux séances du Sénat;

(2) s'il prête un serment, ou signe une déclaration ou reconnaissance d'allégeance, obéissance ou attachement à une puissance étrangère, ou s'il accomplit un acte qui le rend sujet ou citoyen, ou lui confère les droits ou privilèges d'un sujet ou citoyen, d'une puissance étrangère;

---

(16) Tel que modifié par la *Loi constitutionnelle de 1915*, 5-6 George V, c. 45 (R.-U.). Texte de l'article original :

> **27.** Dans le cas où le nombre des sénateurs serait ainsi augmenté, le gouverneur général ne mandera aucune personne au Sénat, sauf sur pareil ordre de la Reine donné à la suite de la même recommandation, tant que la représentation de chacune des trois divisions du Canada ne sera pas revenue au nombre fixe de vingt-quatre sénateurs.

(17) Tel que modifié par la *Loi constitutionnelle de 1915*, 5-6 George V, c. 45 (R.-U.), et la *Loi constitutionnelle n° 2 de 1975*, S.C. 1974-75-76, c. 53. Texte de l'article original :

> **28.** Le nombre des sénateurs ne devra en aucun temps excéder soixante-dix-huit.

(18) Tel qu'édicté par la *Loi constitutionnelle de 1965*, Statuts du Canada, 1965, c. 4, entrée en vigueur le 1er juin 1965. Texte de l'article original :

> **29.** Sous réserve des dispositions de la présente loi, un sénateur occupera, à vie, sa charge au Sénat.

(3) s'il est déclaré en état de faillite ou d'insolvabilité, ou s'il a recours au bénéfice d'une loi concernant les débiteurs insolvables, ou s'il se rend coupable de concussion;

(4) s'il est déchu de ses droits pour cause de trahison, ou reconnu coupable de félonie ou d'un crime infamant;

(5) s'il cesse de posséder les qualités requises concernant la propriété ou le domicile; mais un sénateur ne sera pas réputé avoir perdu les qualités requises quant au domicile par le seul fait de sa résidence au siège du gouvernement du Canada pendant qu'il détient une charge relevant de ce gouvernement et qui exige sa présence à ce siège.

Nomination en cas de vacance

32. Quand un siège devient vacant au Sénat par démission ou décès ou pour toute autre cause, le gouverneur général y pourvoit en adressant un mandat à une personne capable et possédant les qualités requises.

Questions concernant les qualifications et les vacances

33. S'il s'élève une question concernant les qualités requises d'un sénateur ou une vacance au Sénat, cette question sera entendue et tranchée par le Sénat.

Président du Sénat

34. Le gouverneur général peut, de temps à autre, par instrument sous le grand sceau du Canada, nommer un sénateur à la présidence du Sénat, et peut le révoquer et en nommer un autre à sa place. (19)

Quorum du Sénat

35. Jusqu'à ce que le Parlement du Canada en ordonne autrement, la présence d'au moins quinze sénateurs, y compris le président, sera nécessaire pour constituer une séance du Sénat dans l'exercice de ses fonctions.

Votation au Sénat

36. Les questions soulevées au Sénat seront décidées à la majorité des voix et, dans tous les cas, le président aura voix délibérative; en cas d'égalité des voix, la décision sera réputée être dans la négative.

---

(19) La *Loi sur le président du Sénat*, S.R.C. 1970, c. S-14, pourvoit à l'exercice des fonctions du président durant son absence. La *Loi concernant l'Orateur du Sénat canadien (Nomination d'un suppléant) (1895)*, 59 Victoria, c. 3 (R.-U.), qui a été abrogée par la *Loi constitutionnelle de 1982*, a dissipé les doutes qui existaient sur la compétence du Parlement pour édicter un texte législatif de ce genre.

La Chambre des communes

37. La Chambre des communes sera, sous réserve des dispositions de la présente loi, composée de deux cent quatre-vingt-deux députés, dont quatre-vingt-quinze seront élus pour la province d'Ontario, soixante-quinze pour la province de Québec, onze pour la province de la Nouvelle-Écosse, dix pour la province du Nouveau-Brunswick, quatorze pour la province du Manitoba, vingt-huit pour la province de la Colombie-Britannique, quatre pour la province de l'Île-du-Prince-Édouard, vingt et un pour la province d'Alberta, quatorze pour la province de la Saskatchewan, sept pour la province de Terre-Neuve, un pour le territoire du Yukon et deux pour les territoires du Nord-Ouest. (20)

Constitution de la Chambre des communes du Canada

38. Le gouverneur général convoquera, de temps à autre, la Chambre des communes au nom de la Reine, par instrument sous le grand sceau du Canada.

Convocation de la Chambre des communes

39. Un sénateur ne pourra ni être élu, ni siéger, ni voter à titre de membre de la Chambre des communes.

Les sénateurs ne peuvent siéger à la Chambre des communes

40. Jusqu'à ce que le Parlement du Canada en ordonne autrement, les provinces d'Ontario, de Québec, de la Nouvelle-Écosse et du Nouveau-Brunswick seront — en ce qui concerne l'élection des membres de la Chambre des communes — divisées en districts électoraux comme il suit :

Districts électoraux des quatre provinces

1. ONTARIO

La province d'Ontario sera partagée en comtés, divisions de comté, villes et parties de ville, énumérés à la première annexe de la présente loi; chacune de ces divisions formera un district électoral, et chaque district mentionné à cette annexe aura droit d'élire un député.

2. QUÉBEC

La province de Québec sera partagée en soixante-cinq districts électoraux, comprenant les soixante-cinq divisions

(20) Cette répartition, qui résulte de l'application de l'article 51 édicté par la *Loi constitutionnelle de 1974*, S.C. 1974-75-76, c. 13, modifié par la *Loi constitutionnelle nº 1 de 1975*, S.C. 1974-75-76, c. 28, et révisé par la *Loi sur la revision des limites des circonscriptions électorales*, S.R.C. 1970, c. E-2. Texte de l'article original (modifié par suite de l'admission de nouvelles provinces et de changements démographiques) :

> **37.** La Chambre des communes sera, sujette aux dispositions de la présente loi, composée de cent quatre-vingt-un membres, dont quatre-vingt-deux représenteront l'Ontario, soixante-cinq le Québec, dix-neuf la Nouvelle-Écosse et quinze le Nouveau-Brunswick.

électorales dont le Bas-Canada se compose actuellement aux termes du chapitre deux des Statuts refondus du Canada, du chapitre soixante-quinze des Statuts refondus pour le Bas-Canada et de l'acte de la province du Canada de la vingt-troisième année du règne de Sa Majesté la Reine, chapitre premier, ou de toute autre loi les modifiant et en vigueur lors de l'Union, de telle manière que chaque division électorale constitue, pour les fins de la présente loi, un district électoral ayant droit d'élire un député.

3. NOUVELLE-ÉCOSSE

Chacun des dix-huit comtés de la Nouvelle-Écosse formera un district électoral. Le comté de Halifax aura droit d'élire deux députés, et chacun des autres comtés, un député.

4. NOUVEAU-BRUNSWICK

Chacun des quatorze comtés dont se compose le Nouveau-Brunswick, y compris la ville et le comté de Saint-Jean, formera un district électoral. La ville de Saint-Jean constituera également un district électoral par elle-même. Chacun de ces quinze districts électoraux aura droit d'élire un député. (21)

Continuation des lois actuelles sur les élections

41. Jusqu'à ce que le Parlement du Canada en ordonne autrement, toutes les lois en vigueur dans les diverses provinces, lors de l'Union, relativement aux questions suivantes ou à l'une d'entre elles, à savoir : l'éligibilité ou l'inéligibilité d'une personne à se faire élire, à siéger ou à voter à titre de député de la chambre d'assemblée ou de l'assemblée législative des diverses provinces, les votants et serments exigés d'eux, les présidents d'élections, leurs pouvoirs et attributions, les procédures d'élections, la durée de celles-ci, la résolution des élections contestées et les procédures s'y rapportant, les vacances de sièges de députés et la prise de nouveaux brefs dans les cas de vacances occasionnées par d'autres causes qu'une dissolution s'appliqueront respectivement aux élections des députés élus à la Chambre des communes pour représenter ces diverses provinces.

---

(21) Périmé. Les districts électoraux sont maintenant délimités par proclamations promulguées en vertu de la *Loi sur la revision des limites des circonscriptions électorales*, S.R.C., 1970, c. E-2, et ses modifications portant sur divers districts (voir le dernier tableau des lois d'intérêt public).

Toutefois, jusqu'à ce que le Parlement du Canada en ordonne autrement, à chaque élection d'un membre de la Chambre des communes pour le district d'Algoma, outre les personnes ayant droit de vote en vertu de la loi de la province du Canada, tout sujet britannique du sexe masculin, âgé de vingt et un ans ou plus et tenant feu et lieu, aura droit de vote. (22)

42. Abrogé. (23)

43. Abrogé. (24)

44. La Chambre des communes, à sa première séance après une élection générale, procédera, avec toute la diligence possible, à l'élection d'un de ses membres au poste de président. Président de la Chambre des communes

45. S'il survient une vacance dans la charge de président, par décès ou démission ou pour toute autre cause, la Chambre des communes procédera, avec toute la diligence possible, à l'élection d'un autre de ses membres au poste de président. Quand la charge de président devient vacante

46. Le président dirige toutes les séances de la Chambre des communes. Le président dirige les débats

---

(22) Périmé. Les élections sont maintenant régies par la *Loi électorale du Canada*, S.R.C. 1970 (1er Supp.), c. 14; les élections contestées, par la *Loi sur les élections fédérales contestées*, S.R.C. 1970, c. C-28; les conditions requises pour être député et sénateur, par la *Loi sur la Chambre des communes*, S.R.C. 1970, c. H-9 et par la *Loi sur le Sénat et la Chambre des communes*, S.R.C. 1970, c. S-8 respectivement. L'article 3 de la *Loi constitutionnelle de 1982* prévoit le droit pour les citoyens de voter et d'être élus.

(23) Abrogé par la *Loi de 1893 sur la revision du droit statutaire*, 56-57 Victoria, c. 14 (R.-U.). Texte de l'article original :

> **42.** Pour la première élection des membres de la Chambre des communes, le gouverneur général fera émettre les brefs par telle personne et selon telle forme qu'il jugera à propos et les fera adresser aux présidents d'élections qu'il désignera.
>
> La personne émettant les brefs, sous l'autorité du présent article, aura les mêmes pouvoirs que possédaient à l'époque de l'Union les officiers chargés d'émettre des brefs pour l'élection des membres de la Chambre d'Assemblée ou Assemblée Législative de la province du Canada, de la Nouvelle-Écosse ou du Nouveau-Brunswick; et les présidents d'élections auxquels ces brefs seront adressés en vertu du présent article auront les mêmes pouvoirs que possédaient, à l'époque de l'Union, les personnes chargées de rapporter les brefs pour l'élection des membres de la Chambre d'Assemblée ou Assemblée législative respectivement.

(24) Abrogé par la *Loi de 1893 sur la revision du droit statutaire*, 56-57 Victoria, c. 14 (R.-U.). Texte de l'article original :

> **43.** Survenant une vacance dans la représentation d'un district électoral à la Chambre des communes, antérieurement à la réunion du Parlement, ou subséquemment à la réunion du Parlement, mais avant que le Parlement ait statué à cet égard, les dispositions de l'article précédent de la présente loi s'étendront et s'appliqueront à l'émission et au rapport du bref relativement au district dont la représentation est ainsi vacante.

En cas d'absence du président

47. Jusqu'à ce que le Parlement du Canada en ordonne autrement, si le président, pour une raison quelconque, est absent de la Chambre des communes pour une période de quarante-huit heures consécutives, celle-ci pourra élire un autre député pour agir en qualité de président; le député ainsi élu aura et exercera, durant l'absence du président, tous les pouvoirs, privilèges et attributions de celui-ci. (25)

Quorum de la Chambre des communes

48. La présence d'au moins vingt députés de la Chambre des communes sera nécessaire pour constituer une séance de la chambre dans l'exercice de ses pouvoirs; à cette fin, le président sera compté comme un député.

Votation à la Chambre des communes

49. Les questions soulevées à la Chambre des communes seront décidées à la majorité des voix, autres que celles du président, mais en cas d'égalité des voix — et dans ce cas seulement — le président pourra voter.

Durée du mandat de la Chambre des communes

50. La durée du mandat de la Chambre des communes sera de cinq ans, à compter de la date fixée pour le retour des brefs d'élection, à moins qu'elle ne soit plus tôt dissoute par le gouverneur général. (26)

Rajustement de la représentation aux Communes

51. (1) Le nombre des députés et la représentation des provinces à la Chambre des communes sont rajustés, dès l'entrée en vigueur du présent paragraphe et, par la suite, après chaque recensement décennal, par l'autorité du Parlement du Canada, à la date et aux conditions qu'il prévoit sous réserve des règles suivantes :

Règles

1. Par suite du rajustement consécutif au recensement décennal de 1971, sont attribués au Québec soixante-quinze députés, auxquels s'ajouteront quatre députés par rajustement.

2. Sous réserve des règles 5(2) et (3), le nombre des députés d'une province populeuse s'obtient en divisant le chiffre de sa population par le quotient électoral du Québec.

---

(25) La *Loi sur l'Orateur de la Chambre des communes*, S.R.C. (1970), c. S-13, prévoit maintenant l'exercice des fonctions de l'Orateur ou président durant son absence.

(26) Le mandat de la douzième législature a été prolongé par l'*Acte de l'Amérique du Nord britannique, 1916*, 6-7 George V, c. 19 (R.-U.) qui a été abrogé par la *Loi de 1927 sur la révision du droit statutaire*, 17-18 George V, c. 42 (R.-U.). Voir également le paragraphe 4(1) de la *Loi constitutionnelle de 1982*, qui prévoit que le mandat maximal de la Chambre des communes est de cinq ans à compter de la date fixée pour le retour des brefs relatifs aux élections générales correspondantes, et le paragraphe 4(2) de cette loi qui prévoit que le mandat de la Chambre des communes peut être prolongé dans des circonstances spéciales.

3. Sous réserve des règles 5(2) et (3), le nombre des députés d'une province peu peuplée s'obtient en divisant :

a) d'une part le chiffre total de la population, à l'avant-dernier recensement décennal, des provinces (à l'exclusion du Québec) de moins de un million et demi d'habitants, lors de ce recensement, par le nombre total des députés de ces provinces, rajusté après ce recensement;

b) d'autre part le chiffre de la population de la province par le quotient obtenu conformément à l'alinéa *a*).

4. Sous réserve des règles 5(1)*a*), (2) et (3), le nombre des députés d'une province moyennement peuplée s'obtient :

a) en divisant le chiffre total des populations des provinces (à l'exclusion du Québec) de moins de un million et demi d'habitants par le nombre total des députés de ces provinces calculé conformément aux règles 3, 5(1)*b*), (2) et (3);

b) en divisant le chiffre de la population de la province moyennement peuplée par le quotient obtenu conformément à l'alinéa *a*);

c) en ajoutant, au nombre des députés de la province moyennement peuplée, la moitié de la différence résultant de la soustraction de ce nombre, rajusté après l'avant-dernier recensement décennal, du quotient obtenu conformément à l'alinéa *b*).

5. (1) Lors d'un rajustement :

a) la règle 4 ne s'applique pas si aucune province (à l'exclusion du Québec) n'a moins de un million et demi d'habitants; sous réserve des règles 5(2) et (3), le nombre des députés d'une province moyennement peuplée s'obtient alors en divisant :

(i) d'une part le chiffre total de la population, à l'avant-dernier recensement décennal, des provinces (à l'exclusion du Québec) de un million et demi à deux millions et demi d'habitants, lors de ce recensement, par le nombre total des députés de ces provinces, rajusté après ce recensement,

(ii) d'autre part le chiffre de la population de la province par le quotient obtenu conformément au sous-alinéa (i);

b) le nombre des députés de la province (à l'exclusion du Québec) :

(i) soit de moins de un million et demi d'habitants,

(ii) soit de un million et demi à deux millions et demi d'habitants,

dont la population n'a pas augmenté depuis l'avant-dernier recensement décennal, demeure, sous réserve des règles 5(2) et (3), le nombre rajusté après ce recensement.

(2) Lors d'un rajustement :

a) le nombre des députés d'une province ne peut se calculer selon les règles 2 à 5(1) si, par suite de leur application, il devient inférieur à celui d'une province n'ayant pas plus d'habitants; il est alors égal au nombre des députés le plus élevé que peut avoir une province n'ayant pas plus d'habitants;

b) le nombre des députés d'une province ne peut se calculer selon les règles 2 à 5(1)*a*) si, par suite de leur application, il devient inférieur à celui qu'elle avait après le rajustement consécutif à l'avant-dernier recensement décennal; il demeure alors inchangé;

c) le nombre des députés de la province à laquelle s'appliquent les alinéas *a*) et *b*) est égal au plus élevé des nombres calculés conformément à ces alinéas.

(3) Lors d'un rajustement :

a) le nombre des députés d'une province dont le quotient électoral, obtenu en divisant le chiffre de sa population par le nombre de ses députés calculé conformément aux règles 2 à 5(2), est supérieur à celui du Québec s'obtient, par dérogation à ces règles, en divisant le chiffre de sa population par le quotient électoral du Québec;

b) l'alinéa *a*) cesse de s'appliquer à la province à laquelle, par suite de l'application de la règle 6(2)*a*), il attribue le même nombre de sièges que les règles 2 à 5(2).

6. (1) Les définitions qui suivent s'appliquent aux présentes règles.

«chiffre de la population» Le nombre d'habitants calculé d'après les résultats du dernier recensement décennal, sauf indication contraire.

«province moyennement peuplée» Province (à l'exclusion du Québec) de un million et demi à deux millions et demi d'habitants, dont la population a augmenté depuis l'avant-dernier recensement décennal.

«province peu peuplée» Province (à l'exclusion du Québec) de moins de un million et demi d'habitants, dont la population a augmenté depuis l'avant-dernier recensement décennal.

«province populeuse» Province (à l'exclusion du Québec) de plus de deux millions et demi d'habitants.

«quotient électoral» Chiffre obtenu en divisant le nombre d'habitants d'une province par le nombre de ses députés calculé conformément aux règles 1 à 5(3) et rajusté après le dernier recensement décennal.

(2) Pour l'application des présentes règles :

a) il n'y a pas lieu de tenir compte du reste lors du calcul définitif du nombre des sièges d'une province;

b) le plus récent rajustement postérieur à un recensement décennal est réputé, dès son entrée en vigueur, être le seul rajustement consécutif à ce recensement;

c) le rajustement ne peut prendre effet qu'à la fin de la législature alors existante. (27)

---

(27) Tel qu'édicté par la *Loi constitutionnelle de 1974*, S.C. 1974-75-76, c. 13, entrée en vigueur le 31 décembre 1974. Texte de l'article original :

> **51.** Immédiatement après le recensement de mil huit cent soixante et onze, et après chaque autre recensement décennal, la représentation des quatre provinces sera répartie de nouveau par telle autorité de telle manière et à dater de telle époque que pourra, de temps à autre, prescrire le Parlement du Canada, d'après les règles suivantes :
>
> (1) Québec aura le nombre fixe de soixante-cinq représentants.
>
> (2) Il sera assigné à chacune des autres provinces un nombre de représentants proportionné au chiffre de sa population (constaté par ce recensement) comme le nombre soixante-cinq le sera au chiffre de la population de Québec (ainsi constaté).
>
> (3) En supputant le nombre des représentants d'une province, il ne sera pas tenu compte d'une fraction n'excédant pas la moitié du nombre total nécessaire pour donner à la province droit à un représentant; mais toute fraction excédant la moitié de ce nombre équivaudra au nombre entier.
>
> (4) Lors de chaque nouvelle répartition, nulle réduction n'aura lieu dans le nombre des représentants d'une province, à moins qu'il ne soit constaté par le dernier recensement que le chiffre de la population de la province par rapport au chiffre de la population totale du Canada à l'époque de la dernière répartition du nombre des représentants de la province, n'ait décru dans la proportion d'un vingtième ou plus.
>
> (5) Les nouvelles répartitions n'auront d'effet qu'à compter de l'expiration du Parlement alors existant.

La *Loi de 1893 sur la revision du droit statutaire*, 56-57 Victoria, c. 14 (R.-U.), a modifié cet article en retranchant les mots qui suivaient «après le recensement» jusqu'à «soixante et onze et», ainsi que l'expression «autre».

En vertu de l'*Acte de l'Amérique du Nord britannique (1943)*, 6-7 George VI, c. 30 (R.-U.), qui a été abrogé par la *Loi constitutionnelle de 1982*, le rajustement de la représentation consécutif au recensement de 1941 a été renvoyé à la première session du Parlement postérieure à la guerre. Dans l'*Acte de l'Amérique du Nord britannique (1946)*, 9-10 George VI, c. 63 (R.-U.), qui a également été abrogé par la *Loi constitutionnelle de 1982*, l'article a été réédicté comme suit :

> **51.** (1) Le nombre des députés de la Chambre des communes est de deux cent cinquante-cinq et la représentation des provinces à ladite chambre doit, dès l'entrée en vigueur du présent article et, par la suite, sur l'achèvement de chaque recensement décennal, être rajustée par l'autorité, de la manière et à compter de l'époque que le Parlement du Canada prévoit à l'occasion, sous réserve et conformément aux règles suivantes :
>
> (1) Sous réserve des dispositions ci-après, il est attribué à chacune des provinces un nombre de députés calculé en divisant la population totale des provinces par deux cent cinquante-quatre et en divisant la population de chaque province par le quotient ainsi obtenu, abstraction faite, sauf ce qui est prévu ci-après au présent article, du reste (s'il en est) consécutif à ladite méthode de division.
>
> (2) Si le nombre total de députés attribué à toutes les provinces en vertu de la règle 1 est inférieur à deux cent cinquante-quatre, d'autres députés seront attribués (à raison d'un par province) aux provinces qui ont des quantités restantes dans le calcul visé par la règle un, en commençant par la province possédant le reste le plus considérable et en continuant avec les autres provinces par ordre d'importance de leurs quantités restantes respectives jusqu'à ce que le nombre total de députés attribué atteigne deux cent cinquante-quatre.
>
> (3) Nonobstant toute disposition du présent article, si, une fois achevé le calcul prévu par les règles un et deux, le nombre de députés à attribuer à une province est inférieur au nombre de sénateurs représentant ladite province, les règles un et deux cesseront de s'appliquer à l'égard de ladite province, et il lui sera attribué un nombre de députés égal audit nombre de sénateurs.
>
> (4) Si les règles un et deux cessent de s'appliquer à l'égard d'une province, alors, pour le calcul du nombre de députés à attribuer aux provinces concernant lesquelles les règles un et deux demeurent applicables, la population totale des provinces doit être réduite du chiffre de la population de la province à l'égard de laquelle les règles un et deux ne s'appliquent plus, et le nombre deux cent cinquante-quatre doit être réduit du nombre de députés attribué à cette province sous le régime de la règle trois.
>
> (5) Ce rajustement n'entrera en vigueur qu'à la fin du Parlement alors existant.
>
> (2) Le territoire du Yukon, tel qu'il a été constitué par le chapitre quarante et un du Statut du Canada de 1901, avec toute partie du Canada non comprise dans une province qui peut, à l'occasion, y être incluse par le Parlement du Canada aux fins de représentation au Parlement, a droit à un député.

Dans l'*Acte de l'Amérique du Nord britannique (1952)*, c. 15, qui a également été abrogé par la *Loi constitutionnelle de 1982*, cet article fut réédicté comme suit :

> **51.** (1) Sous réserve des dispositions ci-après énoncées, le nombre de députés à la Chambre des communes est de deux cent soixante-trois et la représentation des provinces à ladite chambre doit, dès l'entrée en vigueur du présent article et, par la suite, sur l'achèvement de chaque recensement décennal, être rajustée par l'autorité, de la manière et à compter de l'époque que le Parlement du Canada prévoit à l'occasion, sous réserve et conformément aux règles suivantes :
>
> 1. Il est attribué à chacune des provinces un nombre de députés calculé en divisant la population totale des provinces par deux cent soixante et un et en divisant la population de chaque province par le quotient ainsi obtenu, abstraction faite du reste qui pourrait être consécutif à ladite méthode de division, sauf ce qui est prévu ci-après dans le présent article.

(2) Le territoire du Yukon et les territoires du Nord-Ouest, dans les limites et selon la description qu'en donnent l'annexe du chapitre Y-2 et l'article 2 du chapitre N-22 des Statuts revisés du Canada de 1970, ont droit respectivement à un et à deux députés. (28)

Territoire du Yukon et territoires du Nord-Ouest

51A. Nonobstant toute disposition de la présente loi, une province doit toujours avoir droit à un nombre de députés à la Chambre des communes non inférieur au nombre de sénateurs représentant cette province. (29)

Constitution de la Chambre des communes

52. Le nombre des députés à la Chambre des communes pourra, de temps à autre, être augmenté par le Parlement du Canada, pourvu que demeure intacte la proportion établie par la présente loi dans la représentation des provinces.

Augmentation du nombre des députés de la Chambre des communes

---

2. Si le nombre total de députés attribué à toutes les provinces en vertu de la règle un est inférieur à deux cent soixante et un, d'autres députés seront attribués (un par province) aux provinces qui ont des quantités restantes dans le calcul visé par la règle un, en commençant par la province possédant le reste le plus considérable et en continuant avec les autres provinces par ordre d'importance de leurs quantités restantes jusqu'à ce que le nombre total de députés attribué atteigne deux cent soixante et un.

3. Nonobstant toute disposition du présent article, si, une fois achevé le calcul prévu par les règles un et deux, le nombre de députés à attribuer à une province est inférieur au nombre de sénateurs représentant ladite province, les règles un et deux cesseront de s'appliquer à l'égard de ladite province, et il lui sera attribué un nombre de députés égal audit nombre de sénateurs.

4. Si les règles un et deux cessent de s'appliquer à l'égard d'une province, alors, en vue du calcul du nombre de députés à attribuer aux provinces pour lesquelles les règles un et deux demeurent applicables, la population totale des provinces doit être réduite du chiffre de la population de la province à l'égard de laquelle les règles un et deux ne s'appliquent plus, et le nombre deux cent soixante et un doit être réduit du nombre de députés attribué à cette province en vertu de la règle trois.

5. A l'occasion d'un tel rajustement, le nombre des députés d'une province quelconque ne doit pas être réduit de plus de quinze pour cent au-dessous de la représentation à laquelle cette province avait droit, en vertu des règles un à quatre du présent paragraphe, lors du rajustement précédent de la représentation de ladite province, et la représentation d'une province ne doit subir aucune réduction qui pourrait lui assigner un plus faible nombre de députés que toute autre province dont la population n'était pas plus considérable d'après les résultats du dernier recensement décennal d'alors. Cependant, aux fins de tout rajustement subséquent de représentation prévu par le présent article, aucune augmentation du nombre de députés à la Chambre des communes, consécutive à l'application de la présente règle, ne doit être comprise dans le diviseur mentionné aux règles un à quatre du présent paragraphe.

6. Ce rajustement ne prendra effet qu'à la fin du Parlement alors existant.

(2) Le territoire du Yukon, tel qu'il a été constitué par le chapitre quarante et un des Statuts du Canada de 1901, a droit à un député, et telle autre partie du Canada non comprise dans une province qui peut, à l'occasion, être définie par le Parlement du Canada, a droit à un député.

(28) Voir la *Loi constitutionnelle n° 1 de 1975*, S.C. 1974-75-76, c. 28.

(29) Tel qu'édicté par la *Loi constitutionnelle de 1915*, 5-6 George V, c. 45 (R.-U.).

Législation fiscale - Sanction royale

Projets de loi portant affectation de revenus publics et création d'impôts

53. Tout projet de loi ayant pour objet l'affectation d'une portion quelconque du revenu public, ou la création de taxes ou d'impôts, devra prendre naissance à la Chambre des communes.

Recommandation portant affectation de deniers publics

54. Il ne sera pas loisible à la Chambre des communes d'adopter une motion, résolution, adresse ou un projet de loi pour l'affectation d'une partie du revenu public, ou d'une taxe ou d'un impôt, à des fins non préalablement recommandées à la Chambre par un message du gouverneur général pendant la session au cours de laquelle une telle motion, résolution ou adresse ou un tel projet de loi est proposé.

Sanction royale des projets de loi, etc.

55. Lorsqu'un projet de loi voté par les chambres du Parlement sera présenté au gouverneur général pour la sanction de la Reine, le gouverneur général devra déclarer à sa discrétion, mais sous réserve des dispositions de la présente loi et des instructions de Sa Majesté, ou qu'il le sanctionne au nom de la Reine, ou qu'il refuse cette sanction, ou qu'il réserve le projet de loi pour la signification du bon plaisir de la Reine.

Désaveu, par ordonnance rendue en conseil, des lois sanctionnées par le gouverneur général

56. Lorsque le gouverneur général aura donné sa sanction à un projet de loi au nom de la Reine, il devra, à la première occasion favorable, en transmettre une copie authentique à l'un des principaux secrétaires d'État de Sa Majesté. Si la Reine en conseil, dans les deux ans après que le secrétaire d'État aura reçu ladite loi, juge à propos de la désavouer, ce désaveu (avec un certificat du secrétaire d'État, quant à la date où il aura reçu la loi) une fois signifié par le gouverneur général, au moyen d'un discours ou message à chacune des chambres du Parlement ou par proclamation, annulera la loi à compter de la date de cette signification.

Signification du bon plaisir de la Reine quant aux projets de loi réservés

57. Un projet de loi réservé à la signification du bon plaisir de la Reine n'aura ni vigueur ni effet avant et à moins que, dans les deux ans à compter de la date où il aura été présenté au gouverneur général pour recevoir la sanction royale, celui-ci ne signifie, par discours ou message, à chacune des deux chambres du Parlement, ou par proclamation, que ledit projet de loi a reçu la sanction de la Reine en conseil.

Ces discours, messages ou proclamations seront consignés dans les journaux de chaque chambre, et un double dûment certifié en sera délivré au fonctionnaire compétent pour qu'il le dépose aux archives du Canada.

V. CONSTITUTIONS DES PROVINCES

Pouvoir exécutif

Lieutenants-gouverneurs des provinces

58. Il y aura, pour chaque province, un dignitaire appelé lieutenant-gouverneur, lequel sera nommé par le gouverneur général en conseil, par instrument sous le grand sceau du Canada.

Durée des fonctions

59. Le lieutenant-gouverneur restera en fonctions durant le bon plaisir du gouverneur général; mais un lieutenant-gouverneur nommé après l'ouverture de la première session du Parlement du Canada, ne pourra être révoqué dans le cours des cinq ans qui suivront sa nomination, à moins qu'il n'y ait cause; et cette cause devra lui être communiquée par écrit dans le délai d'un mois après l'établissement de l'ordre décrétant sa révocation, et l'être aussi par message au Sénat et à la Chambre des communes dans le délai d'une semaine après cette révocation, si le Parlement est alors en session, sinon, dans le délai d'une semaine après l'ouverture de la session suivante du Parlement.

Traitements des lieutenants-gouverneurs

60. Le traitement des lieutenants-gouverneurs sera fixé et assuré par le Parlement du Canada. (30)

Serments, etc., du lieutenant-gouverneur

61. Chaque lieutenant-gouverneur, avant d'assumer ses fonctions, prêtera et signera, devant le gouverneur général ou une personne y autorisée par lui, les mêmes serments d'allégeance et d'office que ceux prêtés par le gouverneur général.

Application des dispositions relatives au lieutenant-gouverneur

62. Les dispositions de la présente loi relatives au lieutenant-gouverneur s'étendent et s'appliquent au lieutenant-gouverneur de chaque province, actuellement en fonctions, ou à tout autre premier dirigeant ou administrateur gouvernant actuellement la province, quel que soit le titre sous lequel il est désigné.

Conseils exécutifs de l'Ontario et du Québec

63. Le Conseil exécutif de l'Ontario et celui du Québec se composeront des personnes que le lieutenant-gouverneur, de temps à autre, jugera à propos de nommer et, en premier lieu, des fonctionnaires suivants, à savoir : le procureur général, le

---

(30) La *Loi sur les traitements*, S.R.C. (1970), c. S-2.

secrétaire et registraire de la province, le trésorier de la province, le commissaire des terres de la Couronne et le commissaire à l'agriculture et aux travaux publics et, en outre, dans le cas de la province de Québec, le président du Conseil législatif et le solliciteur général. (31)

Gouvernement exécutif de la Nouvelle-Écosse et du Nouveau-Brunswick

64. La constitution de l'autorité exécutive dans chacune des provinces du Nouveau-Brunswick et de la Nouvelle-Écosse demeurera, sous réserve des dispositions de la présente loi, la même qu'au moment de l'Union, jusqu'à modification sous l'autorité de la présente loi. (32)

Pouvoirs conférés au lieutenant-gouverneur de l'Ontario ou du Québec, en conseil ou seul

65. Tous les pouvoirs, attributions et fonctions qui — par une loi du Parlement de la Grande-Bretagne, du Parlement du Royaume-Uni de Grande-Bretagne et d'Irlande, ou de la Législature du Haut-Canada, du Bas-Canada ou du Canada, avant l'Union ou lors de l'Union — sont conférés aux gouverneurs ou lieutenants-gouverneurs respectifs de ces provinces ou qui peuvent être exercés par eux, sur l'avis, ou sur l'avis et avec le consentement du conseil exécutif respectif de ces provinces, ou avec le concours de celui-ci ou de ses membres, ou par ces gouverneurs ou lieutenants-gouverneurs individuellement, seront — en tant qu'on pourra les exercer après l'Union à l'égard du gouvernement de l'Ontario et du Québec — conférés au lieutenant-gouverneur de l'Ontario et du Québec, respectivement, et seront ou pourront être exercés par lui, sur l'avis ou sur l'avis et avec le consentement ou avec le concours des conseils exécutifs respectifs ou de leurs membres, ou par le lieutenant-gouverneur individuellement, selon le cas. Toutefois, ces pouvoirs, attributions et fonctions (sauf à l'égard de ceux qui existent en vertu de lois du Parlement de la Grande-Bretagne ou du Parlement du Royaume-Uni de Grande-Bretagne et d'Irlande) pourront être révoqués ou modifiés par les Législatures respectives de l'Ontario et du Québec. (33)

---

(31) Maintenant prévu, en Ontario, par la *Loi sur le Conseil exécutif*, S.R.O. (1980), c. 147 et, dans la province de Québec, par la *Loi sur l'exécutif*, S.R.Q. 1977, c. E-18.

(32) Chacun des instruments admettant la Colombie-Britannique, l'Île-du-Prince-Édouard et Terre-Neuve renfermait une disposition de cette nature. Les autorités exécutives du Manitoba, de l'Alberta et de la Saskatchewan furent établies par les lois qui ont créé ces provinces. Voir les notes relatives à l'article 5, *supra*.

(33) Voir les notes relatives à l'article 129, *infra*.

66. Les dispositions de la présente loi relatives au lieutenant-gouverneur en conseil seront interprétées comme s'appliquant au lieutenant-gouverneur de la province agissant sur l'avis de son conseil exécutif.

Application des dispositions relatives aux lieutenants-gouverneurs en conseil

67. Le gouverneur général en conseil pourra, au besoin, nommer un administrateur qui remplira les fonctions de lieutenant-gouverneur durant l'absence, la maladie ou autre incapacité de ce dernier.

Administration en l'absence, etc., du lieutenant-gouverneur

68. Jusqu'à ce que le gouvernement exécutif d'une province en ordonne autrement à l'égard de ladite province, les sièges du gouvernement des provinces seront les suivants, à savoir : pour l'Ontario, la ville de Toronto; pour le Québec, la ville de Québec; pour la Nouvelle-Écosse, la ville de Halifax et pour le Nouveau-Brunswick, la ville de Frédéricton.

Sièges des gouvernements provinciaux

Pouvoir législatif

1. — ONTARIO

69. Il y aura, pour l'Ontario, une législature composée du lieutenant-gouverneur et d'une seule chambre, appelée l'Assemblée législative de l'Ontario.

Législature de l'Ontario

70. L'Assemblée législative de l'Ontario sera composée de quatre-vingt-deux députés, qui seront élus pour représenter les quatre-vingt-deux districts électoraux énumérés à la première annexe de la présente loi. (34)

Districts électoraux

2. — QUÉBEC

71. Il y aura, pour le Québec, une législature composée du lieutenant-gouverneur et de deux chambres, appelées le Conseil législatif du Québec et l'Assemblée législative du Québec. (35)

Législature du Québec

72. Le Conseil législatif du Québec se composera de vingt-quatre membres qui seront nommés par le lieutenant-gouverneur au nom de la Reine, par instrument sous le grand

Constitution du Conseil législatif

---

(34) Périmé. Maintenant prévu par la *Loi sur la représentation électorale*, S.R.O. (1980) c. 450.

(35) La *Loi concernant le Conseil législatif*, S.Q. 1968, c. 9, déclare que la Législature du Québec est composée du lieutenant-gouverneur et de l'Assemblée nationale et abroge les dispositions de la *Loi sur la Législature*, S.R.Q. 1964, c. 6, relatives au Conseil législatif du Québec. Les articles 72 à 79 sont donc tout à fait périmés.

sceau du Québec, pour représenter l'un des vingt-quatre collèges électoraux du Bas-Canada mentionnés à la présente loi; ils seront nommés à vie, sauf si la Législature du Québec en ordonne autrement sous l'autorité de la présente loi.

Qualités requises des conseillers législatifs

73. Les qualités requises des conseillers législatifs du Québec seront les mêmes que celles requises des sénateurs nommés pour le Québec.

Démissions, disqualifications, etc.

74. La charge de conseiller législatif du Québec deviendra vacante dans les cas, *mutatis mutandis*, où celle de sénateur peut le devenir.

Vacance

75. S'il survient une vacance au Conseil législatif du Québec, par démission ou décès ou pour toute autre cause, le lieutenant-gouverneur, au nom de la Reine, nommera, par instrument sous le grand sceau du Québec, une personne capable et possédant les qualités voulues pour remplir cette vacance.

Question portant sur une vacance, etc.

76. S'il s'élève une question concernant les qualités requises d'un conseiller législatif du Québec ou une vacance au Conseil législatif du Québec, cette question sera entendue et tranchée par le Conseil législatif.

Président du Conseil législatif

77. Le lieutenant-gouverneur pourra, de temps à autre, par instrument sous le grand sceau du Québec, nommer un membre du Conseil législatif du Québec comme président de ce conseil, et peut également le révoquer et en nommer un autre à sa place.

Quorum du Conseil législatif

78. Jusqu'à ce que la Législature du Québec en ordonne autrement, la présence d'au moins dix membres du Conseil législatif, y compris le président, sera nécessaire pour constituer une réunion du conseil dans l'exercice de ses fonctions.

Votation au Conseil législatif du Québec

79. Les questions soulevées au Conseil législatif du Québec seront décidées à la majorité des voix et, dans tous les cas, le président aura voix délibérative; en cas d'égalité des voix, la décision sera réputée être dans la négative.

Constitution de l'Assemblée législative du Québec

80. L'Assemblée législative du Québec se composera de soixante-cinq députés, qui seront élus pour représenter les soixante-cinq divisions ou districts électoraux du Bas-Canada, mentionnés à la présente loi, sauf modification que pourra y apporter la Législature du Québec; mais il ne pourra être présenté au lieutenant-gouverneur du Québec, pour qu'il le sanctionne, aucun projet de loi visant à modifier les délimitations des divisions ou districts électoraux énumérés à la deuxième annexe de la présente loi, à moins qu'il n'ait été adopté à ses deuxième et troisième lectures, par l'Assemblée législative, avec l'accord de la majorité des députés représentant ces divisions ou districts électoraux. Aucun projet de loi de cette nature ne sera sanctionné, à moins qu'une adresse n'ait été présentée au lieutenant-gouverneur par l'Assemblée législative, déclarant qu'il a été ainsi adopté. (36)

3. — ONTARIO ET QUÉBEC

81. Abrogé. (37)

Convocation des assemblées législatives

82. Le lieutenant-gouverneur de l'Ontario ou du Québec devra, de temps à autre, au nom de la Reine, par instrument sous le grand sceau de la province, convoquer l'assemblée législative de la province.

Restriction quant à l'élection des personnes ayant des emplois

83. Jusqu'à ce que la Législature de l'Ontario ou du Québec en ordonne autrement, quiconque acceptera ou détiendra dans la province d'Ontario ou dans la province de Québec, une charge, une commission ou un emploi, de nature permanente ou temporaire, sur nomination du lieutenant-gouverneur, auquel sera attaché un traitement annuel ou honoraire, allocation, émolument ou profit, de quelque genre ou montant que ce soit, versé par la province, ne pourra être élu député de l'assemblée législative de cette province, ni y siéger ou voter en cette qualité; mais rien dans le présent article ne rendra inéligible une personne qui est membre du conseil exécutif d'une de ces provinces ou qui détient une des charges suivantes, à savoir : celle de procureur général, secrétaire et registraire de la province, trésorier de la province, commissaire des terres de la Couronne et commissaire à l'agriculture et aux travaux publics et — dans la province de Québec, celle de solliciteur général — ou la rendra inhabile à siéger à la chambre pour laquelle elle est élue ou à y voter, pourvu que

---

(36) La *Loi concernant les districts électoraux*, S.Q. 1970, c. 7, art. 1, prévoit la cessation d'effet de cet article.

(37) Abrogé par la *Loi de 1893 sur la revision du droit statutaire*, 56-57 Victoria, c. 14 (R.-U.). Texte de l'article original :

> **81.** Les Législatures de l'Ontario et du Québec, respectivement, devront être convoquées dans le cours des six mois qui suivront l'Union.

cette personne soit élue pendant qu'elle détient ladite charge. (38)

Continuation des lois actuelles sur les élections

84. Jusqu'à ce que les Législatures respectives du Québec et de l'Ontario en ordonnent autrement, toutes les lois en vigueur dans ces provinces, lors de l'Union, concernant les questions suivantes ou l'une d'entre elles, à savoir : l'éligibilité ou l'inéligibilité d'une personne à se faire élire, à siéger ou à voter à titre de député de l'Assemblée du Canada, les qualités requises ou l'absence des qualités requises des électeurs, les serments exigés de ceux-ci, les présidents d'élections, leurs pouvoirs et devoirs, les procédures d'élections, leur durée, la résolution des élections contestées et les procédures qui s'y rapportent, les vacances de sièges de députés et la prise et l'exécution de nouveaux brefs dans les cas de vacances occasionnées par d'autres causes qu'une dissolution, s'appliqueront respectivement aux élections des députés élus aux Assemblées législatives de l'Ontario et du Québec.

Cependant, jusqu'à ce que la Législature de l'Ontario en ordonne autrement, à chaque élection d'un membre de l'Assemblée législative de l'Ontario pour le district d'Algoma, outre les personnes ayant droit de vote en vertu de la loi de la province du Canada, tout sujet britannique du sexe masculin âgé de vingt et un ans ou plus, et tenant feu et lieu, aura droit de vote. (39)

Durée des législatures

85. La durée de la législature de l'Assemblée législative de l'Ontario et de l'Assemblée législative du Québec sera de quatre ans, à compter du jour du retour des brefs d'élection, à moins que la législature en question ne soit plus tôt dissoute par le lieutenant-gouverneur de la province. (40)

---

(38) Probablement périmé. L'objet de cet article est maintenant visé, en Ontario, par la *Loi sur l'Assemblée législative*, S.R.O. 1980, c. 235, et, dans la province de Québec, par la *Loi sur la Législature*, S.R.Q. (1977), c. L-1.

(39) Probablement périmé. L'objet de cet article est maintenant visé, en Ontario, par la *Loi sur les élections*, S.R.O. 1980, c. 133, et la *Loi sur l'Assemblée législative*, S.R.O. 1980, c. 235; dans la province de Québec, par la *Loi électorale*, S.R.Q. 1977, c. E-3, la *Loi sur la contestation des élections provinciales*, S.R.Q. 1977, c. L-1.

(40) Le mandat maximal de l'Assemblée législative de l'Ontario et de celle du Québec à été porté à cinq ans. Voir la *Loi sur l'Assemblée législative*, S.R.O. 1980, c. 235, et la *Loi sur la Législature*, S.R.Q. 1977, c. L-1, respectivement. Voir également l'article 4 de la *Loi constitutionnelle de 1982* qui prévoit un mandat maximal de cinq ans pour les assemblées législatives mais qui autorise également les prolongations spéciales.

86. Il y aura une session de la Législature de l'Ontario et de celle du Québec, au moins une fois par année, de manière qu'il ne s'écoule pas douze mois entre la dernière séance d'une session de la législature dans chaque province et sa première séance de la session suivante. (41)

Session annuelle de la législature

87. Les dispositions suivantes de la présente loi à l'égard de la Chambre des communes du Canada, à savoir : les dispositions relatives à l'élection d'un président au début d'une législature et lors d'une vacance, aux devoirs du président, à l'absence de celui-ci, au quorum et au mode de votation, s'étendront et s'appliqueront aux Assemblées législatives de l'Ontario et du Québec comme si ces dispositions étaient réédictées au présent article et expressément rendues applicables à chacune de ces assemblées.

Président, quorum, etc.

4. — NOUVELLE-ÉCOSSE ET NOUVEAU-BRUNSWICK

88. La constitution de la Législature de chacune des provinces de la Nouvelle-Écosse et du Nouveau-Brunswick demeurera, sous réserve des dispositions de la présente loi, la même que lors de l'Union, jusqu'à ce qu'elle soit modifiée sous l'autorité de la présente loi. (42)

Constitution des Législatures de la Nouvelle-Écosse et du Nouveau-Brunswick

---

(41) Voir également l'article 5 de la *Loi constitutionnelle de 1982* qui prévoit que chaque législature doit tenir une séance au moins une fois tous les douze mois.

(42) Partiellement abrogé par la *Loi de 1893 sur la revision du droit statutaire*, 56-57 Victoria, c. 14 (R.-U.). On y a retranché le dernier membre de phrase de la disposition originale :

> et la chambre d'assemblée du Nouveau-Brunswick en existence lors de la passation de la présente loi devra, à moins qu'elle ne soit plus tôt dissoute, continuer d'exister pendant la période pour laquelle elle a été élue.

Chacun des instruments admettant la Colombie-Britannique, l'Île-du-Prince-Édouard et Terre-Neuve renfermait une disposition semblable. Les Législatures du Manitoba, de l'Alberta et de la Saskatchewan furent établies par les lois créant ces provinces. Voir les notes relatives à l'article 5, *supra*.

Voir également les articles 3 à 5 de la *Loi constitutionnelle de 1982* qui prescrivent les droits démocratiques s'appliquant à toutes les provinces et le paragraphe 2(2) de l'annexe de cette loi qui prévoit l'abrogation de l'article 20 de la *Loi de 1870 sur le Manitoba*. L'article 5 de la *Loi constitutionnelle de 1982* remplace l'article 20 de la *Loi de 1870 sur le Manitoba*.

Texte de l'article original :

> **20.** Il y aura une session de la législature, une fois au moins chaque année, de manière à ce qu'il ne s'écoule pas un intervalle de douze mois entre la dernière séance d'une session de la législature et sa première séance de la session suivante.

89. Abrogé. (43)

6. — LES QUATRE PROVINCES

Application, aux législatures, des dispositions relatives aux crédits, etc.

90. Les dispositions suivantes de la présente loi relatives au Parlement du Canada, à savoir : les dispositions concernant les projets de loi d'affectation des crédits et les projets de lois fiscales, les recommandations portant vote de fonds publics, la sanction des projets de loi, le désaveu des lois et la signification du bon plaisir à l'égard des projets de loi réservés, s'étendront et s'appliqueront aux législatures des différentes provinces, comme si ces dispositions étaient réédictées au présent article et rendues expressément applicables aux provinces et à leurs législatures, en substituant toutefois le lieutenant-gouverneur de la province au gouverneur général, le gouverneur général à la Reine et au secrétaire d'État, un an à deux ans et la province du Canada.

VI. DISTRIBUTION DES POUVOIRS LÉGISLATIFS

Pouvoirs du Parlement

Autorité législative du Parlement du Canada

91. Il sera loisible à la Reine, sur l'avis et avec le consentement du Sénat et de la Chambre des communes, de faire des lois pour la paix, l'ordre et le bon gouvernement du Canada, relativement à toutes les matières ne tombant pas dans les catégories de sujets exclusivement assignés aux législatures des provinces par la présente loi mais, pour plus de certitude, sans toutefois restreindre la généralité des termes employés plus haut dans le présent article, il est par les présentes déclaré que (nonobstant toute disposition de la présente loi) l'autorité législative exclusive du Parlement du Canada s'étend à toutes les matières tombant dans les catégories de sujets énumérés ci-dessous, à savoir :

---

(43) Abrogé par la *Loi de 1893 sur la revision du droit statutaire*, 56-57 Victoria, c. 14 (R.-U.). Texte de l'article original :

5. Ontario, Québec et Nouvelle-Écosse

89. Chacun des lieutenants-gouverneurs de l'Ontario, du Québec et de la Nouvelle-Écosse devra faire émettre des brefs pour la première élection des membres de l'assemblée législative selon telle forme et par telle personne qu'il jugera à propos, et à telle époque et adressés à tel président d'élection que prescrira le gouverneur général, de manière que la première élection d'un membre de l'assemblée pour un district électoral ou une subdivision de ce district puisse se faire aux mêmes temps et lieux que l'élection d'un membre de la Chambre des communes du Canada pour ce district électoral.

1. Abrogé. (44)
1A. la dette et la propriété publiques; (45)
2. la réglementation des échanges et du commerce;
2A. l'assurance-chômage; (46)
3. le prélèvement de deniers par tous modes ou systèmes de taxation;
4. l'emprunt de deniers sur le crédit public;
5. le service postal;
6. le recensement et la statistique;
7. la milice, le service militaire et le service naval, ainsi que la défense;
8. la fixation et le paiement des traitements et allocations des fonctionnaires civils et autres du gouvernement du Canada;
9. les amarques, les bouées, les phares et l'île du Sable;
10. la navigation et les expéditions par eau (*shipping*);
11. la quarantaine, l'établissement et le maintien des hôpitaux de marine;
12. les pêcheries des côtes de la mer et de l'intérieur;
13. les passages d'eau (*ferries*) entre une province et tout pays britannique ou étranger, ou entre deux provinces;
14. le cours monétaire et le monnayage;
15. les banques, la constitution en corporation des banques et l'émission du papier-monnaie;
16. les caisses d'épargne;

---

(44) La catégorie 1 a été ajoutée par l'*Acte de l'Amérique du Nord britannique (nº 2), 1949*, 13 George VI, c. 81 (R.-U.). Cette loi et la catégorie 1 ont été abrogées par la *Loi constitutionnelle de 1982*. Le paragraphe 4(2) et la partie V de la *Loi constitutionnelle de 1982* prévoient les matières visées dans la catégorie 1. Texte original de la catégorie 1 :

> 1. La modification, de temps à autre, de la Constitution du Canada, sauf en ce qui concerne les matières rentrant dans les catégories de sujets que la présente loi attribue exclusivement aux législatures des provinces, ou en ce qui concerne les droits ou privilèges accordés ou garantis, par la présente loi ou par toute autre loi constitutionnelle, à la législature ou au gouvernement d'une province, ou à quelque catégorie de personnes en matière d'écoles, ou en ce qui regarde l'emploi de l'anglais ou du français, ou les prescriptions portant que le Parlement du Canada tiendra au moins une session chaque année et que la durée de chaque Chambre des communes sera limitée à cinq années, depuis le jour du rapport des brefs ordonnant l'élection de cette chambre; toutefois, le Parlement du Canada peut prolonger la durée d'une Chambre des communes en temps de guerre, d'invasion ou d'insurrection, réelles ou appréhendées, si cette prolongation n'est pas l'objet d'une opposition exprimée par les votes de plus du tiers des membres de ladite chambre.

(45) Renuméroté par l'*Acte de l'Amérique du Nord britannique (nº2) (1949)*.

(46) Ajouté par la *Loi constitutionnelle de 1940*, 3-4 George VI, c. 36 (R.-U.).

17. les poids et mesures;
18. les lettres de change et les billets à ordre;
19. l'intérêt de l'argent;
20. les offres légales;
21. la faillite et l'insolvabilité;
22. les brevets d'invention et de découverte;
23. les droits d'auteurs;
24. les Indiens et les terres réservées aux Indiens;
25. la naturalisation et les aubains;
26. le mariage et le divorce;
27. le droit criminel, sauf la constitution des tribunaux de juridiction criminelle, mais y compris la procédure en matière criminelle;
28. l'établissement, le maintien et l'administration des pénitenciers;
29. les catégories de sujets expressément exceptés dans l'énumération des catégories de sujets exclusivement assignés par la présente loi aux législatures des provinces.

Et aucune des matières ressortissant aux catégories de sujets énumérés au présent article ne sera réputée tomber dans la catégorie des matières d'une nature locale ou privée comprises dans l'énumération des catégories de sujets exclusivement assignés par la présente loi aux législatures des provinces. (47)

---

(47) Les autres lois suivantes ont conféré une autorité législative au Parlement :

1. La *Loi constitutionnelle de 1871*, 34-35 Victoria, c. 28 (R.-U.) :

> **2.** Le Parlement du Canada pourra de temps à autre établir de nouvelles provinces dans aucun des territoires faisant alors partie de la Puissance du Canada, mais non compris dans aucune province de cette Puissance, et il pourra, lors de cet établissement, décréter des dispositions pour la constitution et l'administration de toute telle province et pour la passation de lois concernant la paix, l'ordre et le bon gouvernement de telle province et pour sa représentation dans ledit Parlement.
>
> **3.** Avec le consentement de toute province de ladite Puissance, le Parlement du Canada pourra de temps à autre augmenter, diminuer ou autrement modifier les limites de telle province, à tels termes et conditions qui pourront être acceptés par ladite législature, et il pourra de même avec son consentement établir les dispositions touchant l'effet et l'opération de cette augmentation, diminution ou modification de territoire de toute province qui devra la subir.
>
> **4.** Le Parlement du Canada pourra de temps à autre établir des dispositions concernant la paix, l'ordre et le bon gouvernement de tout territoire ne formant pas alors partie d'une province.

Pouvoirs exclusifs des législatures provinciales

92. Dans chaque province, la législature pourra exclusivement légiférer relativement aux matières entrant dans les catégories de sujets ci-dessous énumérés, à savoir : Sujets exclusivement soumis à la législation provinciale

1. Abrogé. (48)
2. la taxation directe dans les limites de la province, en vue de prélever un revenu pour des objets provinciaux;
3. les emprunts de deniers sur le seul crédit de la province;

---

5. Les actes suivants passés par ledit Parlement du Canada et respectivement intitulés «Acte concernant le Gouvernement provisoire de la Terre de Rupert et du territoire du Nord-Ouest après que ces territoires auront été unis au Canada», et «Acte pour amender et continuer «l'Acte trente-deux et trente-trois Victoria, chapitre trois», et pour établir et constituer le Gouvernement de la «province de Manitoba», seront et sont considérés avoir été valides à toutes fins à compter de la date où, au nom de la Reine, ils ont reçu la sanction du gouverneur général de ladite Puissance du Canada.

6. Excepté tel que prescrit par le troisième article du présent acte, le Parlement du Canada n'aura pas compétence pour changer les dispositions de l'acte en dernier lieu mentionné dudit Parlement en ce qui concerne la province de Manitoba, ni d'aucun autre acte établissant à l'avenir de nouvelles provinces dans ladite Puissance, sujet toujours au droit de la Législature de la province de Manitoba de changer de temps à autre les dispositions d'aucune loi concernant la qualification des électeurs et des députés à l'Assemblée législative, et de décréter des lois relatives aux élections dans ladite province.

L'*Acte de la Terre de Rupert (1868)*, 31-32 Victoria, c. 105 (R.-U.) — abrogé par la *Loi de 1893 sur la revision du droit statutaire*, 56-57 Victoria, c. 14 (R.-U.) —, avait antérieurement conféré une autorité semblable relativement à la Terre de Rupert et au territoire du Nord-Ouest lors de l'admission de ces régions.

2. La *Loi constitutionnelle de 1886*, 49-50 Victoria, c. 35 (R.-U.) :

> **1.** Le Parlement du Canada pourra, de temps à autre, pourvoir à la représentation au Sénat et à la Chambre des communes du Canada ou à l'un ou l'autre, de tout territoire formant partie de la Puissance du Canada, mais non compris dans aucune de ses provinces.

3. Le *Statut de Westminster (1931)*, 22 George V, c. 4 (R.-U.) :

> **3.** Il est déclaré et statué par les présentes que le Parlement d'un Dominion a le plein pouvoir d'adopter des lois d'une portée extra-territoriale.

4. L'article 44 de la *Loi constitutionnelle de 1982* autorise le Parlement à modifier les dispositions de la Constitution du Canada relatives au pouvoir exclusif fédéral, au Sénat ou à la Chambre des communes. Les articles 38, 41, 42 et 43 de cette loi autorisent le Sénat et la Chambre des communes à approuver, par des résolutions, certaines autres modifications constitutionnelles.

(48) La catégorie 1 a été abrogée par la *Loi constitutionnelle de 1982*. Texte original de cette catégorie :

> 1. L'amendement de temps à autre, nonobstant toute disposition contraire énoncée dans le présent acte, de la constitution de la province, sauf les dispositions relatives à la charge de lieutenant-gouverneur;

L'article 45 de la *Loi constitutionnelle de 1982* autorise désormais une législature à adopter des lois pour modifier la constitution de sa province. Les articles 38, 41, 42 et 43 de cette loi autorisent les assemblées législatives à approuver, par des résolutions, certaines autres modifications de la Constitution du Canada.

4. la création et la durée des charges provinciales, ainsi que la nomination et le paiement des fonctionnaires provinciaux;
5. l'administration et la vente des terres publiques appartenant à la province, et des bois et forêts qui s'y trouvent;
6. l'établissement, l'entretien et l'administration des prisons publiques et des maisons de correction dans la province;
7. l'établissement, l'entretien et l'administration des hôpitaux, asiles, institutions et hospices de charité dans la province, autres que les hôpitaux de marine;
8. les institutions municipales dans la province;
9. les licences de boutiques, de cabarets, d'auberges, d'encanteurs et autres licences ou permis en vue de prélever un revenu pour des objets provinciaux, locaux ou municipaux;
10. les ouvrages et entreprises d'une nature locale, autres que ceux qui sont énumérés dans les catégories suivantes :

    a) lignes de bateaux à vapeur ou autres navires, chemins de fer, canaux, télégraphes et autres ouvrages et entreprises reliant la province à une autre ou à d'autres provinces, ou s'étendant au-delà des limites de la province;

    b) lignes de bateaux à vapeur entre la province et tout pays britannique ou étranger;

    c) les ouvrages qui, bien qu'entièrement situés dans la province, seront avant ou après leur exécution déclarés, par le Parlement du Canada, être à l'avantage général du Canada, ou à l'avantage de deux ou plusieurs provinces;
11. la constitution en corporation de compagnies pour des objets provinciaux;
12. la célébration du mariage dans la province;
13. la propriété et les droits civils dans la province;
14. l'administration de la justice dans la province, y compris la constitution, le maintien et l'organisation de tribunaux provinciaux, de juridiction tant civile que criminelle, y compris la procédure en matière civile devant ces tribunaux;

15. l'imposition de sanctions, par voie d'amende, de pénalité ou d'emprisonnement, en vue de faire exécuter toute loi de la province sur des matières rentrant dans l'une quelconque des catégories de sujets énumérés au présent article;
16. généralement, toutes les matières d'une nature purement locale ou privée dans la province.

Ressources naturelles non renouvelables, ressources forestières et énergie électrique

92A. (1) La législature de chaque province a compétence exclusive pour légiférer dans les domaines suivants : Compétence provinciale

a) prospection des ressources naturelles non renouvelables de la province;

b) exploitation, conservation et gestion des ressources naturelles non renouvelables et des ressources forestières de la province, y compris leur rythme de production primaire;

c) aménagement, conservation et gestion des emplacements et des installations de la province destinés à la production d'énergie électrique.

(2) La législature de chaque province a compétence pour légiférer en ce qui concerne l'exportation, hors de la province, à destination d'une autre partie du Canada, de la production primaire tirée des ressources naturelles non renouvelables et des ressources forestières de la province, ainsi que de la production d'énergie électrique de la province, sous réserve de ne pas adopter de lois autorisant ou prévoyant des disparités de prix ou des disparités dans les exportations destinées à une autre partie du Canada. Exportation hors des provinces

(3) Le paragraphe (2) ne porte pas atteinte au pouvoir du Parlement de légiférer dans les domaines visés à ce paragraphe, les dispositions d'une loi du Parlement adoptée dans ces domaines l'emportant sur les dispositions incompatibles d'une loi provinciale. Pouvoir du Parlement

(4) La législature de chaque province a compétence pour prélever des sommes d'argent par tout mode ou système de taxation : Taxation des ressources

a) des ressources naturelles non renouvelables et des ressources forestières de la province, ainsi que de la production primaire qui en est tirée;

b) des emplacements et des installations de la province destinés à la production d'énergie électrique, ainsi que de cette production même.

Cette compétence peut s'exercer indépendamment du fait que la production en cause soit ou non, en totalité ou en partie, exportée hors de la province, mais les lois adoptées dans ces domaines ne peuvent autoriser ou prévoir une taxation qui établisse une distinction entre la production exportée à destination d'une autre partie du Canada et la production non exportée hors de la province.

«Production primaire»

(5) L'expression «production primaire» a le sens qui lui est donné dans la sixième annexe.

Pouvoirs ou droits existants

(6) Les paragraphes (1) à (5) ne portent pas atteinte aux pouvoirs ou droits détenus par la législature ou le gouvernement d'une province lors de l'entrée en vigueur du présent article. (49)

Éducation

Législation en matière d'éducation

93. Dans chaque province et pour chaque province, la législature pourra exclusivement légiférer sur l'éducation, sous réserve et en conformité des dispositions suivantes :

(1) Rien dans cette législation ne devra préjudicier à un droit ou privilège conféré par la loi, lors de l'Union, à quelque classe particulière de personnes dans la province relativement aux écoles confessionnelles;

(2) tous les pouvoirs, privilèges et devoirs conférés ou imposés par la loi dans le Haut-Canada, lors de l'Union, aux écoles séparées et aux syndics d'écoles des sujets catholiques romains de la Reine, seront et sont par les présentes étendus aux écoles dissidentes des sujets protestants et catholiques romains de la Reine dans la province de Québec;

(3) dans toute province où un système d'écoles séparées ou dissidentes existe en vertu de la loi, lors de l'Union, ou sera subséquemment établi par la législature de la province, il pourra être interjeté appel au gouverneur général en conseil de tout acte ou décision d'une autorité provinciale affectant l'un quelconque des droits ou privilèges de la minorité protestante ou

---

(49) Ajouté par la *Loi constitutionnelle de 1982.*

catholique romaine des sujets de la Reine relativement à l'éducation;

(4) au cas où n'aura pas été édictée la loi provinciale que, de temps à autre, le gouverneur général en conseil aura jugée nécessaire pour donner la suite voulue aux dispositions du présent article — ou lorsqu'une décision du gouverneur général en conseil, sur un appel interjeté en vertu du présent article, n'aura pas été dûment mise à exécution par l'autorité provinciale compétente en l'espèce —, le Parlement du Canada, en pareille occurrence et dans la seule mesure où les circonstances de chaque cas l'exigeront, pourra édicter des lois réparatrices pour donner la suite voulue aux dispositions du présent article, ainsi qu'à toute décision rendue par le gouverneur général en conseil sous l'autorité de ce même article. (50)

---

(50) Modifié, pour le Manitoba, par l'article 22 de la *Loi de 1870 sur le Manitoba,* 33 Victoria, c. 3 (Canada) — confirmé par la *Loi constitutionnelle de 1871* —, lequel article est ainsi rédigé :

> **22.** Dans la province, la législature pourra exclusivement décréter des lois relatives à l'éducation, sujettes et conformes aux dispositions suivantes :
>
> (1) Rien dans ces lois ne devra préjudicier à aucun droit ou privilège conféré, lors de l'Union, par la loi ou par la coutume à aucune classe particulière de personnes dans la province, relativement aux écoles séparées (*denominational schools*).
>
> (2) Il pourra être interjeté appel au gouverneur général en conseil de tout acte ou décision de la législature de la province ou de toute autorité provinciale affectant quelqu'un des droits ou privilèges de la minorité protestante ou catholique romaine des sujets de Sa Majesté relativement à l'éducation.
>
> (3) Dans le cas où il ne serait pas décrété telle loi provinciale que, de temps à autre, le gouverneur général en conseil jugera nécessaire pour donner suite et exécution aux dispositions du présent article — ou dans le cas où quelque décision du gouverneur général en conseil, sur appel interjeté en vertu de cet article, ne serait pas dûment mise à exécution par l'autorité provinciale compétente —, alors et en tout tel cas, et en tant seulement que les circonstances de chaque cas l'exigeront, le Parlement du Canada pourra décréter des lois propres à y remédier pour donner suite et exécution aux dispositions du présent article, ainsi qu'à toute décision rendue par le gouverneur général en conseil pour l'autorité du même article.

Modifié, pour l'Alberta, par l'article 17 de la *Loi sur l'Alberta*, 4-5 Édouard VII, c. 3, 1905 (Canada) lequel article déclare :

> **17.** L'article 93 de la *Loi constitutionnelle de 1867* s'applique à ladite province sauf substitution de l'alinéa suivant à l'alinéa 1 dudit article 93 :
>
> **1.** Rien dans ces lois ne préjudiciera à aucun droit ou privilège dont jouit aucune classe de personnes en matière d'écoles séparées à la date de la présente loi aux termes des chapitres 29 et 30 des ordonnances des territoires du Nord-Ouest rendues en l'année 1901, ou au sujet de l'instruction religieuse dans toute école publique ou séparée ainsi que prévu dans lesdites ordonnances.
>
> **2.** Dans la répartition par la législature ou la distribution par le gouvernement de la province, de tous deniers destinés au soutien des écoles organisées et conduites conformément audit chapitre 29 ou de toute loi le modifiant ou le remplaçant, il n'y aura aucune inégalité ou différence de traitement au détriment des écoles d'aucune classe visée audit chapitre 29.

Uniformité des lois dans l'Ontario, la Nouvelle-Écosse et le Nouveau-Brunswick

Uniformité des lois dans trois provinces

94. Nonobstant toute disposition de la présente loi, le Parlement du Canada pourra adopter des mesures en vue de l'uniformisation des lois ou de partie des lois relatives à la propriété et aux droits civils dans l'Ontario, la Nouvelle-Écosse et le Nouveau-Brunswick, et de la procédure devant

---

3. Là où l'expression «par la loi» est employée au paragraphe 3 dudit article 93, elle sera interprétée comme signifiant la loi telle qu'énoncée auxdits chapitres 29 et 30, et là où l'expression «lors de l'Union» est employée audit paragraphe 3, elle sera tenue pour signifier la date à laquelle la présente loi entre en vigueur.

Modifié, pour la Saskatchewan, par l'article 17 de la *Loi sur la Saskatchewan*, 4-5 Édouard VII, c. 42, 1905 (Canada) dont voici le texte :

17. L'article 93 de la *Loi constitutionnelle de 1867* s'applique à ladite province sauf substitution de l'alinéa 1 dudit article 93 :

(1.) Rien dans ces lois ne préjudiciera à aucun droit ou privilège dont jouit aucune classe de personnes en matière d'écoles séparées à la date de la présente loi aux termes des chapitres 29 et 30 des Ordonnances des territoires du Nord-Ouest rendues en l'année 1901, ou au sujet de l'instruction religieuse dans toute école publique ou séparée ainsi que prévu dans lesdites ordonnances.

2. Dans la répartition par la Législature ou la distribution par le gouvernement de la province, de tous deniers destinés au soutien des écoles organisées et conduites en conformité dudit chapitre 29, ou de toute loi le modifiant ou le remplaçant, il n'y aura aucune inégalité ou différence de traitement au détriment des écoles d'aucune classe visée audit chapitre 29.

3. Là où l'expression «by law» est employée à l'alinéa 3 dudit article 93, elle sera interprétée comme signifiant la loi telle qu'énoncée aux chapitres 29 et 30, et là où l'expression «at the Union» est employée audit alinéa 3, elle sera tenue pour signifier la date à laquelle la présente loi entre en vigueur.

Modifié par le paragraphe 17 des Conditions de l'Union de Terre-Neuve au Canada, qu'a ratifiées la *Loi sur Terre-Neuve*, 12-13 George VI, c. 22 (R.U.). Texte du paragraphe original :

17. En ce qui concerne la province de Terre-Neuve, la clause suivante devra s'appliquer au lieu de l'article quatre-vingt-treize de la *Loi constitutionnelle de 1867* :

Dans la province de Terre-Neuve et pour ladite province, la Législature aura le pouvoir exclusif d'édicter des lois sur l'enseignement, mais la Législature n'aura pas le pouvoir d'adopter des lois portant atteinte aux droits ou privilèges que la loi, à la date de l'Union, conférait dans Terre-Neuve à une ou plusieurs catégories de personnes relativement aux écoles confessionnelles, aux écoles communes (fusionnées) ou aux collèges confessionnels et, à même les deniers publics de la province de Terre-Neuve affectés à l'enseignement :

a) toutes semblables écoles recevront leur part desdits deniers conformément aux barèmes établis à l'occasion par la Législature, sur une base exempte de différenciation injuste, pour les écoles fonctionnant alors sous l'autorité de la Législature;

b) tous semblables collèges recevront leur part de toute subvention votée à l'occasion pour les collèges fonctionnant alors sous l'autorité de la Législature, laquelle subvention devra être distribuée sur une base exempte de différenciation injuste.

Voir également les articles 23, 29 et 59 de la *Loi constitutionnelle de 1982*. L'article 23 prévoit des nouveaux droits à l'instruction dans la langue de la minorité et l'article 59 accorde un délai pour l'entrée en vigueur au Québec d'un aspect de ces droits. L'article 29 prévoit que les dispositions de la *Charte canadienne des droits et libertés* ne portent pas atteinte aux droits ou privilèges garantis en vertu de la Constitution du Canada concernant les écoles séparées ou autres écoles confessionnelles.

les tribunaux de ces trois provinces; et, à compter de l'adoption d'une loi à cet effet, le pouvoir, pour le Parlement du Canada, d'édicter des lois relatives aux sujets énoncés dans une telle loi, sera illimité, nonobstant toute disposition de la présente loi; mais une loi du Parlement du Canada prévoyant cette uniformité n'aura d'effet dans une province qu'après avoir été adoptée et édictée par la législature de cette province.

Pensions de vieillesse

94A. Le Parlement du Canada peut faire des lois relatives aux pensions de vieillesse et prestations additionnelles, y compris des prestations aux survivants et aux invalides sans égard à leur âge, mais aucune loi ainsi édictée ne doit porter atteinte à l'application de quelque loi présente ou future d'une législature provinciale en ces matières. (51)

Législation concernant les pensions de vieillesse et les prestations additionnelles

Agriculture et Immigration

95. La législature de chaque province peut faire des lois relatives à l'agriculture et à l'immigration dans cette province et il est par les présentes déclaré que le Parlement du Canada peut, de temps à autre, faire des lois relatives à l'agriculture et à l'immigration dans toutes les provinces ou l'une d'entre elles. Une loi de la législature d'une province sur l'agriculture ou l'immigration n'y aura d'effet qu'aussi longtemps et que dans la mesure où elle ne sera pas incompatible avec une des lois du Parlement du Canada.

Pouvoir concurrent d'établir des lois sur l'agriculture, etc.

VII. LE SYSTÈME JUDICIAIRE

96. Le gouverneur général nommera les juges des cours supérieures, de district et de comté dans chaque province, sauf ceux des cours de vérification en Nouvelle-Écosse et au Nouveau-Brunswick.

Nomination des juges

---

(51) Ajouté par la *Loi constitutionnelle de 1964*, 12-13 Éliz. II, c. 73 (R.-U.). Originalement édicté par la *L'Acte de l'Amérique du Nord britannique (1951)*, 14-15 George VI, c. 32 (R.-U.), l'article 94A se lisait comme suit :

> **94A.** Il est déclaré, par les présentes, que le Parlement du Canada peut, à l'occasion, légiférer sur les pensions de vieillesse au Canada, mais aucune loi édictée par le Parlement du Canada à l'égard des pensions de vieillesse ne doit atteindre l'application de quelque loi présente ou future d'une législature provinciale relativement aux pensions de vieillesse.

Choix des juges en Ontario, etc.

97. Jusqu'à ce qu'on rende uniformes les lois relatives à la propriété et aux droits civils en Ontario, en Nouvelle-Écosse et au Nouveau-Brunswick, et à la procédure devant les tribunaux de ces provinces, les juges des cours de ces provinces qui seront nommés par le gouverneur général devront être choisis parmi les membres des barreaux respectifs de ces provinces.

Choix des juges au Québec

98. Les juges des cours du Québec seront choisis parmi les membres du barreau de cette province.

Durée des fonctions des juges

99. (1) Sous réserve du paragraphe (2) du présent article, les juges des cours supérieures resteront en fonctions à titre inamovible, mais ils pourront être révoqués par le gouverneur général sur une adresse du Sénat et de la Chambre des communes.

Cessation des fonctions à l'âge de 75 ans

(2) Un juge d'une cour supérieure, nommé avant ou après l'entrée en vigueur du présent article, cessera de détenir sa charge lorsqu'il aura atteint l'âge de soixante-quinze ans, ou à la date d'entrée en vigueur du présent article si, à cette date, il a déjà atteint cet âge. (52)

Traitements, etc., des juges

100. Les traitements, allocations et pensions des juges des cours supérieures, de district et de comté (sauf les cours de vérification en Nouvelle-Écosse et au Nouveau-Brunswick) et des cours de l'Amirauté, lorsque ces juges reçoivent actuellement un traitement, seront fixés et assurés par le Parlement du Canada. (53)

Cour générale d'appel, etc.

101. Nonobstant toute disposition de la présente loi, le Parlement du Canada pourra, de temps à autre, prévoir la constitution, le maintien et l'organisation d'une cour générale d'appel pour le Canada, ainsi que l'établissement d'autres tribunaux pour assurer la meilleure exécution des lois du Canada. (54)

---

(52) Abrogé et réédicté par la *Loi constitutionnelle de 1960*, 9 Éliz. II, c. 2 (R.-U.), en vigueur le 1er mars 1961. Texte de l'article original :

> **99.** Les juges des cours supérieures resteront en fonctions durant bonne conduite, mais ils pourront être révoqués par le gouverneur général sur une adresse du Sénat et de la Chambre des communes.

(53) Voir la *Loi sur les juges*, S.R.C. (1970), c. J-1.

(54) Voir la *Loi sur la Cour suprême*, S.R.C. 1970, c. S-19, et la *Loi sur la Cour fédérale*, S.R.C. 1970, (2e Supp.), c. 10.

VIII. REVENUS, DETTES, ACTIF, TAXES

102. Tous les droits et revenus que les Législatures respectives du Canada, de la Nouvelle-Écosse et du Nouveau-Brunswick, avant et lors de l'Union, avaient le pouvoir d'affecter — sauf ceux que la présente loi réserve aux législatures respectives des provinces, ou qui seront perçus par celles-ci conformément aux pouvoirs spéciaux que leur confère cette loi — formeront un fonds du revenu consolidé pour être affecté au service public du Canada de la manière et sous réserve des charges prévues par la présente loi. Création d'un fonds du revenu consolidé

103. Le Fonds du revenu consolidé du Canada sera, en permanence, grevé des frais, charges et dépenses entraînés pour le percevoir, l'administrer et le recouvrer, lesquels constitueront la première charge sur ce fonds et pourront être soumis à l'examen et à la vérification qu'ordonnera le gouverneur général en conseil jusqu'à ce que le Parlement y pourvoie autrement. Frais de perception, etc.

104. L'intérêt annuel des dettes publiques des différentes provinces du Canada, de la Nouvelle-Écosse et du Nouveau-Brunswick, lors de l'Union, constituera la deuxième charge sur le Fonds du revenu consolidé du Canada. Intérêt des dettes publiques provinciales

105. Jusqu'à modification par le Parlement du Canada, le traitement du gouverneur général sera de dix mille livres sterling du Royaume-Uni de Grande-Bretagne et d'Irlande; cette somme sera acquittée sur le Fonds du revenu consolidé du Canada et constituera la troisième charge sur ce fonds. (55) Traitement du gouverneur général

106. Sous réserve des différents paiements dont est grevé, par la présente loi, le Fonds du revenu consolidé du Canada, le Parlement du Canada affectera ce fonds au service public. Emploi du Fonds du revenu consolidé du Canada

107. Tous les fonds, sommes en caisse, soldes entre les mains des banquiers et valeurs appartenant à chaque province lors de l'Union, sauf ce qui est énoncé à la présente loi, deviendront la propriété du Canada et seront déduits du montant des dettes respectives des provinces lors de l'Union. Transfert des valeurs, etc.

108. Les ouvrages et propriétés publics de chaque province, énumérés à la troisième annexe de la présente loi, appartiendront au Canada. Transfert des propriétés énumérées à l'annexe

---

(55) Actuellement visé par la *Loi sur le gouverneur général*, S.R.C. (1970), c. G-14.

Propriété des terres, mines, etc.

109. Les terres, mines, minéraux et redevances appartenant aux différentes provinces du Canada, de la Nouvelle-Écosse et du Nouveau-Brunswick lors de l'Union, et toutes les sommes d'argent alors dues ou payables pour ces terres, mines, minéraux ou redevances, appartiendront aux différentes provinces d'Ontario, de Québec, de la Nouvelle-Écosse et du Nouveau-Brunswick, dans lesquelles ils sont sis et situés, ou exigibles, sous réserve des fiducies existantes et de tout intérêt autre que celui de la province à cet égard. (56)

Actif afférent aux dettes provinciales

110. La totalité de l'actif afférent aux portions de la dette publique de chaque province assumées par celle-ci, lui appartiendra.

Responsabilité des dettes provinciales

111. Le Canada sera responsable des dettes et obligations de chaque province en existence lors de l'Union.

Responsabilité des dettes de l'Ontario et du Québec.

112. Les provinces d'Ontario et de Québec seront conjointement responsables envers le Canada de l'excédent (s'il en est) de la dette de la province du Canada si, lors de l'Union, cette dette dépasse soixante-deux millions cinq cent mille dollars, et elles seront tenues au paiement de l'intérêt de cet excédent au taux de cinq pour cent par année.

Actif de l'Ontario et du Québec

113. L'actif énuméré à la quatrième annexe de la présente loi et appartenant, lors de l'Union, à la province du Canada, sera la propriété conjointe de l'Ontario et du Québec.

Dette de la Nouvelle-Écosse

114. La Nouvelle-Écosse sera responsable envers le Canada de l'excédent (s'il en est) de sa dette publique si, lors de l'Union, cette dette dépasse huit millions de dollars, et elle sera tenue au paiement de l'intérêt de cet excédent au taux de cinq pour cent par année. (57)

Dette du Nouveau-Brunswick

115. Le Nouveau-Brunswick sera responsable envers le Canada de l'excédent (s'il en est) de sa dette publique si, lors de l'Union, cette dette dépasse sept millions de dollars, et il sera tenu au paiement de l'intérêt de cet excédent au taux de cinq pour cent par année.

---

(56) La *Loi constitutionnelle de 1930*, 21 George V, c. 26 (R.-U.), a placé les quatre provinces de l'Ouest dans la même situation que les provinces originaires.

(57) Les obligations imposées par le présent article, les articles 115 et 116, ainsi que les obligations du même genre prévues par les instruments créant ou admettant d'autres provinces ont été insérées dans la législation du Parlement canadien et se trouvent actuellement dans la *Loi sur les subventions aux provinces*, S.R.C. (1970), c. P-26.

116. Au cas où, lors de l'Union, les dettes publiques de la Nouvelle-Écosse et du Nouveau-Brunswick sont respectivement moindres que huit millions et sept millions de dollars, ces provinces auront droit de recevoir chacune, du gouvernement du Canada, en paiements semestriels et d'avance, l'intérêt au taux de cinq pour cent par année sur la différence entre le chiffre réel de leurs dettes respectives et les montants ainsi stipulés.

Paiement d'intérêt à la Nouvelle-Écosse et au Nouveau-Brunswick

117. Les diverses provinces conserveront respectivement toutes leurs propriétés publiques dont il n'est pas autrement disposé dans la présente loi, sous réserve du droit, pour le Canada, de prendre les terres ou les propriétés publiques dont il aura besoin pour les fortifications ou la défense du pays.

Propriétés publiques provinciales

118. Abrogé. (58)

---

(58) Abrogé par la *Loi de 1950 sur la revision du droit statutaire*, 14 George VI, c. 6 (R.-U.). Texte de l'article original :

> **118.** Les sommes suivantes seront annuellement payées par le Canada aux diverses provinces pour le maintien de leurs gouvernements et législatures :

	Dollars
Ontario	$80,000
Québec	70,000
Nouvelle-Écosse	60,000
Nouveau- Brunswick	50,000
Total	$260,000

> Et chaque province aura droit à une subvention annuelle de quatre-vingts cents par tête de la population, constatée par le recensement de mil huit cent soixante et un, et — en ce qui concerne la Nouvelle-Écosse et le Nouveau-Brunswick — par chaque recensement décennal subséquent, jusqu'à ce que la population de chacune de ces deux provinces s'élève à quatre cent mille âmes, chiffre auquel la subvention demeurera dès lors fixée. Ces subventions libéreront à toujours le Canada de toutes autres réclamations et elles seront payées semi-annuellement et d'avance à chaque province; mais le gouvernement du Canada déduira de ces subventions, à l'égard de chaque province, toutes sommes d'argent exigibles comme intérêt sur la dette publique de cette province si elle excède les divers montants stipulés dans la présente loi.

L'article est devenu désuet en raison de la *Loi constitutionnelle de 1907*, 7 Édouard VII, c. 11 (R.-U.), lequel déclarait :

> **1.** Les sommes ci-dessous mentionnées seront payées annuellement par le Canada à chaque province qui, au commencement de la présente loi, est une province du Dominion, pour ses fins locales, et pour le soutien de son gouvernement et de sa législature :
>
> *a*) un subside fixe :
>
> si la population de la province est de moins de cent cinquante mille, de cent mille dollars;
>
> si la population de la province est de cent cinquante mille, mais ne dépasse pas deux cent mille, de cent cinquante mille dollars;
>
> si la population de la province est de deux cent mille mais ne dépasse pas quatre cent mille, de cent quatre-vingt mille dollars;
>
> si la population de la province est de quatre cent mille mais ne dépasse pas huit cent mille, de cent quatre-vingt-dix mille dollars;
>
> si la population de la province est de huit cent mille, mais ne dépasse pas un million cinq cent mille, de deux cent vingt mille dollars;

Subventions supplémentaires au Nouveau-Brunswick

119. Le Nouveau-Brunswick recevra du Canada, en paiements semestriels et d'avance, durant une période de dix ans à compter de l'Union, une subvention supplémentaire de soixante-trois mille dollars par année; mais, tant que la dette publique de cette province restera inférieure à sept millions de dollars, il sera déduit, sur cette somme de soixante-trois mille dollars, un montant égal à l'intérêt au taux de cinq pour cent par année sur cette différence. (59)

---

si la population de la province dépasse un million cinq cent mille, de deux cent quarante mille dollars;

b) subordonnément aux dispositions spéciales de la présente loi touchant les provinces de la Colombie-Britannique et de l'Île-du-Prince-Édouard, un subside au taux de quatre-vingts cents par tête de la population de la province jusqu'à deux millions cinq cent mille, et au taux de soixante cents par tête de la population qui dépasse ce nombre.

(2) Un subside additionnel de cent mille dollars sera payé annuellement à la province de la Colombie-Britannique durant dix ans à compter du commencement de la présente loi.

(3) La population d'une province sera constatée de temps à autre dans le cas des provinces du Manitoba, de la Saskatchewan et de l'Alberta respectivement, d'après le dernier recensement quinquennal ou la dernière estimation statutaire de la population faits en vertu des lois constitutives de ces provinces ou de toute autre loi du Parlement du Canada statuant à cet effet, et dans le cas de toute autre province par le dernier recensement décennal pour le temps d'alors.

(4) Les subsides payables en vertu de la présente loi seront versés semi-annuellement à l'avance à chaque province.

(5) Les subsides payables en vertu de la présente loi seront substitués aux subsides (désignés subsides actuels dans la présente loi) payables pour les mêmes fins lors de la mise en vigueur de la présente loi aux diverses provinces du Dominion en vertu des dispositions de l'article cent dix-huit de la *Loi constitutionnelle de 1867*, ou de tout arrêté en conseil constituant une province ou de toute loi du Parlement du Canada, contenant des instructions pour le paiement de tel subside, et les susdites dispositions cesseront leur effet.

(6) Le gouvernement du Canada aura le même pouvoir de déduire de ces subsides les sommes imputées sur une province au titre des intérêts sur la dette publique dans le cas du subside payable en vertu de la présente loi à la province qu'il a dans le cas du subside actuel.

(7) Rien de contenu dans la présente loi n'invalidera l'obligation du Canada de payer à une province tout subside qui est payable à cette province, autre que le subside actuel auquel est substitué le présent subside.

(8) Dans le cas des provinces de la Colombie-Britannique et de l'Île-du-Prince-Édouard, le montant payé au titre du subside payable par tête de la population aux provinces en vertu de la présente loi, ne sera jamais moindre que le montant du subside correspondant payable au commencement de la présente loi; et s'il est constaté lors de tout recensement décennal que la population de la province a diminué depuis le dernier recensement décennal, le montant payé au titre du subside ne sera pas diminué au-dessous du montant alors payable, nonobstant la diminution de la population.

Voir la *Loi sur les subventions aux provinces*, S.R.C. 1970, c. P-26, la *Loi de 1942 sur les subventions supplémentaires aux Provinces maritimes* (1942-1943), c. 14, et les conditions de l'union de Terre-Neuve au Canada, annexées à la *Loi sur Terre-Neuve* ainsi qu'à la *Loi ayant pour objet d'approuver les conditions de l'union de Terre-Neuve au Canada*, c. 1 des Statuts du Canada de 1949.

Voir également la partie III de la *Loi constitutionnelle de 1982* qui énonce les engagements du Parlement et des législatures des provinces relatifs à l'égalité des chances, au développement économique et aux services publics essentiels ainsi que l'engagement de principe du Parlement et du gouvernement du Canada de faire des paiements de péréquation.

(59) Périmé.

120. Tous les paiements prescrits par la présente loi, ou destinés à éteindre les obligations contractées en vertu d'une loi des provinces du Canada, de la Nouvelle-Écosse et du Nouveau-Brunswick, respectivement, et assumées par le Canada, seront faits, jusqu'à ce que le Parlement du Canada en ordonne autrement, sous la forme et de la manière que le gouverneur général en conseil pourra prescrire de temps à autre.

Forme des paiements

121. Tous articles du crû, en provenance d'une province ou qui y sont produits ou fabriqués seront, à dater de l'Union, admis en franchise dans chacune des autres provinces.

Fabrication canadienne, etc.

122. Les lois de douane et d'accise de chaque province demeureront en vigueur, sous réserve des dispositions de la présente loi, jusqu'à ce qu'elles soient modifiées par le Parlement du Canada. (60)

Continuation des lois de douane et d'accise

123. Au cas où des droits de douane sont imposables, lors de l'Union, sur des articles, denrées ou marchandises, dans deux provinces, ces articles, denrées ou marchandises pourront, après l'Union, être importés de l'une de ces deux provinces dans l'autre, sur preuve du paiement des droits de douane dont ils sont frappés dans la province d'où ils sont exportés, et sur paiement de tout surplus de droits de douane (s'il en est) dont ils peuvent être frappés dans la province où ils sont importés. (61)

Exportation et importation entre deux provinces

124. La présente loi ne préjudiciera pas au droit, pour le Nouveau-Brunswick, de prélever, sur les bois de construction, les droits établis par le chapitre quinze du titre trois des Statuts revisés du Nouveau-Brunswick, ou par toute loi le modifiant avant ou après l'Union, mais n'augmentant pas le chiffre de ces droits; les bois de construction des provinces autres que le Nouveau-Brunswick ne seront pas assujettis à ces droits. (62)

Impôts sur les bois au Nouveau-Brunswick

---

(60) Périmé. Maintenant visé par la *Loi sur les douanes*, S.R.C. 1970, c. C-40, le *Tarif des douanes*, S.R.C. 1970, c. C-41, la *Loi sur l'accise*, S.R.C. 1970, c. E-12 et la *Loi sur la taxe d'accise*, S.R.C. 1970, c. E-13.

(61) Périmé.

(62) Ces droits ont été abrogés en 1873 par le c. 16 de 32 Victoria (N.-B.). Consulter aussi l'*Acte concernant les droits d'exportation imposés sur les bois de construction*, etc. (1873), 36 Victoria, c. 41 (Canada), et l'article 2 de la *Loi sur les subventions aux provinces*, S.R.C. 1970, c. P-26.

Terres publiques, etc., exemptées de taxes

125. Aucune terre ou propriété appartenant au Canada ou à une province sera sujette à taxation.

Fonds du revenu consolidé d'une province

126. Les droits et revenus que les législatures respectives du Canada, de la Nouvelle-Écosse et du Nouveau-Brunswick avaient, avant l'Union, le pouvoir d'affecter et qui sont, par la présente loi, réservés aux gouvernements ou législatures des provinces respectives, et tous les droits et revenus perçus par elles conformément aux pouvoirs spéciaux que leur confère la présente loi, formeront dans chaque province un fonds de revenu consolidé qui sera affecté au service public de celle-ci.

IX. DISPOSITIONS DIVERSES

Généralités

127. Abrogé. (63)

Serment d'allégeance, etc.

128. Les membres du Sénat ou de la Chambre des communes du Canada devront, avant de siéger, prêter et signer, devant le gouverneur général ou quelqu'un par lui autorisé à cet effet — et pareillement, les membres du Conseil législatif ou de l'assemblée législative d'une province devront, avant de siéger, prêter et signer, devant le lieutenant-gouverneur de la province ou quelqu'un par lui autorisé à cet effet —, le serment d'allégeance énoncé à la cinquième annexe de la présente loi; et les membres du Sénat du Canada et du Conseil législatif du Québec devront aussi, avant de siéger, prêter et signer, devant le gouverneur général ou quelqu'un par lui autorisé à cet effet, la déclaration des qualités requises énoncée à la même annexe.

---

(63) Abrogé par la *Loi de 1893 sur la revision du droit statutaire*, 56-57 Victoria, c. 14 (R.-U.). Texte de l'article original :

> **127.** Quiconque étant, lors de la passation de la présente loi, membre du Conseil législatif du Canada, de la Nouvelle-Écosse ou du Nouveau-Brunswick et auquel un siège dans le Sénat est offert, ne l'accepte pas dans les trente jours, par écrit revêtu de son seing et adressé au gouverneur général de la province du Canada ou au lieutenant-gouverneur de la Nouvelle-Écosse ou du Nouveau-Brunswick (selon le cas), sera censé l'avoir refusé; et quiconque étant, lors de la passation de la présente loi, membre du Conseil législatif de la Nouvelle-Écosse ou du Nouveau-Brunswick, et accepte un siège dans le Sénat, perdra par le fait même son siège à ce Conseil législatif.

129. Sauf disposition contraire de la présente loi, toutes les lois en vigueur au Canada, en Nouvelle-Écosse ou au Nouveau-Brunswick lors de l'Union, tous les tribunaux de juridiction civile et criminelle, les commissions, pouvoirs et autorités ayant force légale, et les fonctionnaires judiciaires, administratifs et ministériels, en exercice dans ces provinces lors de l'Union, le demeureront dans les provinces d'Ontario, de Québec, de la Nouvelle-Écosse et du Nouveau-Brunswick respectivement, comme si l'Union n'avait pas eu lieu. Ils pourront néanmoins (sauf ce que peuvent prévoir des lois du Parlement de la Grande-Bretagne ou du Parlement du Royaume-Uni de Grande-Bretagne et d'Irlande) être révoqués, abolis ou modifiés, selon le cas, par le Parlement du Canada, ou par la législature de la province respective, conformément à l'autorité du Parlement ou de cette législature en vertu de la présente loi. (64)

Les lois, tribunaux et fonctionnaires actuels demeurent en exercice, etc.

130. Jusqu'à ce que le Parlement du Canada en ordonne autrement, tous les fonctionnaires des diverses provinces ayant à remplir des fonctions relatives à des matières autres que celles qui relèvent des catégories de sujets assignés exclusivement par la présente loi aux législatures des provinces, seront fonctionnaires du Canada et continueront à remplir les fonctions de leur charge respective assorties des mêmes obligations, responsabilités et sanctions comme si l'Union n'avait pas eu lieu. (65)

Fonctionnaires transférés au service du Canada

131. Jusqu'à ce que le Parlement du Canada en ordonne autrement, le gouverneur général en conseil pourra, de temps à autre, nommer les fonctionnaires qu'il estimera nécessaires ou utiles à l'exécution efficace de la présente loi.

Nomination de nouveaux fonctionnaires

132. Le Parlement et le gouvernement du Canada auront tous les pouvoirs nécessaires pour remplir envers les pays étrangers les obligations du Canada ou de l'une de ses provinces, à titre de partie de l'Empire britannique, découlant de traités conclus entre l'Empire et ces pays étrangers.

Obligations naissant des traités

---

(64) Le *Statut de Westminster (1931)*, 22 George V, c. 4 (R.-U.), a supprimé la restriction frappant la modification ou l'abrogation de lois édictées par le Royaume-Uni ou existant sous l'autorité des statuts de celui-ci, sauf à l'égard de certains documents constitutionnels. La partie V de la *Loi constitutionnelle de 1982* (R.-U.) 1982, c. 11, prévoit des procédures détaillées pour la modification des textes législatifs qui font partie de la Constitution du Canada.

(65) Périmé.

Emploi des langues française et anglaise

133. Dans les chambres du Parlement du Canada et les chambres de la Législature du Québec, l'usage de la langue française ou de la langue anglaise, dans les débats, sera facultatif; mais, dans la rédaction des registres, procès-verbaux et journaux respectifs de ces chambres, l'usage de ces deux langues sera obligatoire. En outre, dans toute plaidoirie ou pièce de procédure devant les tribunaux du Canada établis sous l'autorité de la présente loi, ou émanant de ces tribunaux, et devant les tribunaux du Québec, ou émanant de ces derniers, il pourra être fait usage de l'une ou l'autre de ces langues.

Les lois du Parlement du Canada et de la Législature du Québec devront être imprimées et publiées dans ces deux langues. (66)

Ontario et Québec

Nomination de fonctionnaires exécutifs pour l'Ontario et le Québec

134. Jusqu'à ce que les Législatures de l'Ontario ou du Québec en ordonnent autrement, les lieutenants-gouverneurs de l'Ontario et du Québec pourront chacun nommer, sous le grand sceau de la province, les fonctionnaires suivants, qui détiendront leur poste à titre amovible, à savoir : le procureur général, le secrétaire et registraire de la province, le trésorier de la province, le commissaire des terres de la Couronne et le

---

(66) Une disposition semblable a été édictée pour le Manitoba par l'article 23 de la *Loi de 1870 sur le Manitoba*, 33 Victoria, c. 3 (Canada) (confirmée par la *Loi constitutionnelle de 1871*). Texte de l'article original :

> **23.** L'usage de la langue française ou de la langue anglaise sera facultatif dans les débats des chambres de la législature; mais dans la rédaction des archives, procès-verbaux et journaux respectifs de ces chambres, l'usage de ces deux langues sera obligatoire; et dans toute plaidoirie ou pièce de procédure devant les tribunaux ou émanant des tribunaux du Canada, qui sont établis sous l'autorité de la *Loi constitutionnelle de 1867*, et devant tous les tribunaux ou émanant des tribunaux de la province, l'usage de l'une ou l'autre de ces deux langues sera également facultatif. Les lois de la législature seront imprimées et publiées dans ces deux langues.

Les articles 17 à 19 de la *Loi constitutionnelle de 1982* énoncent de nouveau les droits linguistiques que prévoit l'article 133 à l'égard du Parlement et des tribunaux qui sont établis en vertu de la *Loi constitutionnelle de 1867* et garantissent également ces droits à l'égard de la Législature du Nouveau-Brunswick et des tribunaux de cette province.

L'article 16 et les articles 20, 21 et 23 de la *Loi constitutionnelle de 1982* reconnaissent des droits linguistiques additionnels concernant la langue anglaise et la langue française; l'article 22 préserve les droits linguistiques et les privilèges des langues autres que le français et l'anglais.

commissaire à l'agriculture et aux travaux publics et, en ce qui concerne le Québec, le solliciteur général. Ils pourront aussi, par ordonnance du lieutenant-gouverneur en conseil, prescrire, de temps à autre, les attributions de ces fonctionnaires et des divers ministères placés sous leur contrôle ou dont ils font partie, ainsi que les attributions des fonctionnaires et commis qui y sont attachés. Ils pourront également nommer d'autres fonctionnaires à titre amovible et prescrire, de temps à autre, leurs attributions et celles des divers ministères placés sous leur contrôle ou dont ils font partie, ainsi que les attributions des fonctionnaires et commis qui y sont attachés. (67)

Pouvoirs, devoirs, etc., des fonctionnaires exécutifs

135. Jusqu'à ce que les Législatures de l'Ontario ou du Québec en ordonnent autrement, tous les droits, pouvoirs, devoirs, fonctions, obligations ou attributions conférés ou imposés au procureur général, au solliciteur général, au secrétaire et au registraire de la province du Canada, au ministre des finances, au commissaire des terres de la Couronne, au commissaire des travaux publics et au ministre de l'agriculture et au receveur général, lors de l'adoption de la présente loi, par toute loi, statut ou ordonnance du Haut-Canada, du Bas-Canada ou du Canada — n'étant pas par ailleurs incompatibles avec la présente loi —, seront conférés ou imposés à tout fonctionnaire nommé par le lieutenant-gouverneur pour l'exécution de ces fonctions ou de l'une d'entre elles. Le commissaire à l'agriculture et aux travaux publics remplira les devoirs et les fonctions de ministre de l'agriculture prescrits, lors de l'adoption de la présente loi, par la loi de la province du Canada, ainsi que ceux de commissaire aux travaux publics. (68)

Grands sceaux

136. Jusqu'à modification par le lieutenant-gouverneur en conseil, les grand sceaux de l'Ontario et du Québec respectivement seront les mêmes ou auront le même modèle que ceux employés dans les provinces du Haut et du Bas-Canada respectivement avant leur union comme province du Canada.

Interprétation des lois temporaires

137. Les mots «et de là jusqu'à la fin de la prochaine session de la législature», ou autres mots de la même teneur, employés dans une loi temporaire de la province du Canada

---

(67) Périmé. Ces dispositions sont maintenant prévues, en Ontario, par la *Loi sur le conseil exécutif*, S.R.O. (1980), c. 147 et, au Québec, par la *Loi sur l'exécutif*, S.R.Q. (1977), c. E-18.

(68) Probablement périmé.

non expirée avant l'Union, seront censés signifier la prochaine session du Parlement du Canada, si l'objet de la loi entre dans la catégorie des pouvoirs attribués à ce Parlement et définis dans la présente constitution, ou les prochaines sessions des législatures de l'Ontario et du Québec respectivement, si l'objet de la loi tombe dans la catégorie des pouvoirs attribués à ces législatures et définis dans la présente loi.

Citations erronées

138. A compter de l'Union, l'insertion des mots «Haut-Canada» au lieu «d'Ontario», ou «Bas-Canada» au lieu de «Québec», dans toute loi, bref, procédure, plaidoirie, document, matière ou chose, n'aura pas pour effet de l'invalider.

Proclamations ne devant prendre effet qu'après l'Union

139. Toute proclamation sous le grand sceau de la province du Canada, prise avant l'Union, pour prendre effet à une date postérieure à l'Union, qu'elle concerne cette province ou le Haut-Canada ou le Bas-Canada, et les diverses matières et choses qui y sont énoncées, auront et continueront d'avoir la même vigueur et le même effet que si l'Union n'avait pas eu lieu. (69)

Proclamations prises après l'Union

140. Toute proclamation dont la prise sous le grand sceau de la province du Canada est autorisée par une loi de la Législature de la province du Canada, qu'elle concerne cette province ou le Haut-Canada ou le Bas-Canada, et qui n'aura pas été prise avant l'Union, pourra l'être par le lieutenant-gouverneur de l'Ontario ou du Québec, selon le cas, sous le grand sceau de la province; et, à compter de la prise de cette proclamation, les diverses matières et choses qui y sont énoncées auront et continueront d'avoir la même vigueur et le même effet en Ontario ou au Québec que si l'Union n'avait pas eu lieu. (70)

Pénitencier

141. Le pénitencier de la province du Canada, jusqu'à ce que le Parlement du Canada en ordonne autrement, sera et continuera d'être le pénitencier de l'Ontario et du Québec. (71)

Dettes renvoyées à l'arbitrage

142. Le partage et l'ajustement des dettes, crédits, obligations, propriétés et de l'actif du Haut et du Bas-Canada seront soumis à la décision de trois arbitres, dont l'un sera

---

(69) Probablement périmé.

(70) Probablement périmé.

(71) Périmé. La *Loi sur les pénitenciers*, S.R.C. (1970), c. P-6, est maintenant applicable.

choisi par le gouvernement de l'Ontario, un autre par le gouvernement du Québec et le troisième par le gouvernement du Canada. Le choix des arbitres n'aura lieu qu'après que le Parlement du Canada et les Législatures de l'Ontario et du Québec auront été en session; l'arbitre choisi par le gouvernement du Canada ne devra être domicilié ni en Ontario ni au Québec. (72)

Partage des archives

143. Le gouverneur général en conseil pourra, de temps à autre, ordonner que les archives, livres et documents de la province du Canada qu'il jugera à propos de désigner, soient remis et transférés à l'Ontario ou au Québec et ils deviendront dès lors la propriété de cette province; toute copie ou tout extrait de ces documents, dûment certifié par le fonctionnaire ayant la garde des originaux, sera admis en preuve. (73)

Établissement de cantons au Québec

144. Le lieutenant-gouverneur de Québec pourra, de temps à autre, par proclamation sous le grand sceau de la province devant prendre effet à la date qui y est mentionnée, créer des cantons dans les parties de la province de Québec où il n'en a pas encore été établi, et en fixer les tenants et aboutissants.

145. Abrogé. (74)

XI. ADMISSION D'AUTRES COLONIES

Pouvoir d'admettre Terre-Neuve etc., dans l'Union

146. Il sera loisible à la Reine, de l'avis du très honorable Conseil privé de Sa Majesté, sur la présentation d'adresses de la part des chambres du Parlement du Canada, et des chambres des législatures respectives des colonies ou provinces de Terre-Neuve, de l'Île-du-Prince-Édouard et de la Colombie-Britannique, d'admettre ces colonies ou provinces, ou l'une

---

(72) Périmé. Voir les pages (xi) et (xii) des Comptes publics de 1902-1903.

(73) Probablement périmé. Deux arrêtés prévus par cet article ont été pris le 24 janvier 1868.

(74) Abrogé par la *Loi de 1893 sur la revision du droit statutaire,* 56-57 Victoria, c. 14 (R.-U.). L'article prévoyait ce qui suit :

X.—chemin de fer intercolonial

145. Considérant que les provinces du Canada, de la Nouvelle-Écosse et du Nouveau-Brunswick ont, par une commune déclaration, fait valoir que la construction du chemin de fer intercolonial était essentielle à la consolidation de l'Union de l'Amérique du Nord britannique, et à son acceptation par la Nouvelle-Écosse et le Nouveau-Brunswick, et qu'elles ont en conséquence arrêté que le gouvernement du Canada devait l'entreprendre sans délai : à ces causes, pour donner suite à cette convention, le gouvernement et le Parlement du Canada seront tenus de commencer, dans les six mois qui suivront l'Union, les travaux de construction d'un chemin de fer reliant le fleuve Saint-Laurent à la ville de Halifax dans la Nouvelle-Écosse et de les terminer sans interruption et avec toute la diligence possible.

d'entre elles, dans l'Union et, sur présentation d'adresses de la part des chambres du Parlement du Canada, d'admettre la Terre de Rupert et le territoire du Nord-Ouest, ou l'une ou l'autre de ces possessions, dans l'Union, selon les termes et conditions, en chaque cas, qui seront exprimés dans les adresses et que la Reine jugera convenable d'approuver, conformément aux dispositions de la présente loi. Les dispositions de tout arrêté en conseil rendu à cet égard auront le même effet que si elles avaient été édictées par le Parlement du Royaume-Uni de Grande-Bretagne et d'Irlande. (75)

Représentation de Terre-Neuve et de l'Île-du-Prince-Édouard au Sénat

147. Dans le cas de l'admission de Terre-Neuve et de l'Île-du-Prince-Édouard, ou de l'une ou l'autre de celles-ci, chacune aura droit d'être représentée par quatre membres au Sénat du Canada et, nonobstant toute disposition de la présente loi, en cas d'admission de Terre-Neuve, le nombre normal des sénateurs sera de soixante-seize et le maximum de quatre-vingt-deux; mais l'Île-du-Prince-Édouard, une fois admise, sera réputée comprise dans la troisième des trois divisions partageant le Canada pour la composition du Sénat par la présente loi et, en conséquence, après l'admission de l'Île-du-Prince-Édouard, que Terre-Neuve soit admise ou non, la représentation de la Nouvelle-Écosse et du Nouveau-Brunswick au Sénat, au fur et à mesure que des sièges deviendront vacants, sera réduite de douze à dix membres, respectivement. La représentation de chacune de ces provinces ne sera jamais augmentée au-delà de dix membres, sauf sous l'autorité des dispositions de la présente loi relatives à la nomination de trois ou six sénateurs additionnels en conséquence d'un ordre de la Reine. (76)

---

(75) Tous les territoires mentionnés à cet article font actuellement partie du Canada. Voir les notes relatives à l'article 5, *supra*.

(76) Périmé. Voir les notes portant sur les articles 21, 22, 26, 27 et 28, *supra*.

ANNEXES

PREMIÈRE ANNEXE (77)

Districts électoraux de l'Ontario

A.

DIVISIONS ÉLECTORALES ACTUELLES

COMTÉS

1. Prescott
2. Glengarry
3. Stormont
4. Dundas
5. Russell
6. Carleton
7. Prince-Édouard
8. Halton
9. Essex

DIVISIONS DE COMTÉ

10. Division nord de Lanark
11. Division sud de Lanark
12. Division nord de Leeds et division nord de Grenville
13. Division sud de Leeds
14. Division sud de Grenville
15. Division est de Northumberland
16. Division ouest de Northumberland (sauf le township de Monaghan sud)
17. Division est de Durham
18. Division ouest de l'Ontario
19. Division nord de Durham
20. Division sud de l'Ontario
21. Division est de York
22. Division ouest de York
23. Division nord de York
24. Division nord de Wentworth
25. Division sud de Wentworth
26. Division est d'Elgin
27. Division ouest d'Elgin
28. Division nord de Waterloo
29. Division sud de Waterloo

(77) Périmé. *Loi sur la députation*, S.R.O. 1970, c. 413.

30. Division nord de Brant
31. Division sud de Brant
32. Division nord d'Oxford
33. Division sud d'Oxford
34. Division est de Middlesex

VILLES ET PARTIES DE VILLE

35. Toronto ouest
36. Toronto est
37. Hamilton
38. Ottawa
39. Kingston
40. London
41. Ville de Brockville, avec le township d'Elizabethtown y annexé
42. Ville de Niagara, avec le township de Niagara y annexé
43. Ville de Cornwall, avec le township de Cornwall y annexé

B.

NOUVEAUX DISTRICTS ÉLECTORAUX

44. Le district judiciaire provisoire d'Algoma

Le comté de BRUCE, partagé en deux divisions appelées respectivement divisions nord et sud :

45. La division nord de Bruce comprendra les townships de Bury, Lindsay, Eastnor, Albermarle, Amable, Arran, Bruce, Elderslie et Saugeen et le village de Southampton

46. La division sud de BRUCE comprendra les townships de Kincardine, y compris le village de Kincardine, Greenock, Brant, Huron, Kinloss, Culross et Carrick

Le comté de HURON, partagé en deux divisions, appelées respectivement divisions nord et sud :

47. La division nord comprendra les townships d'Ashfield, Wawanosh, Turnberry, Howick, Morris, Grey, Colborne, Hullett, y compris le village de Clinton et McKillop

48. La division sud comprendra la ville de Goderich et les townships de Goderich, Tuckersmith, Stanley, Hay, Usborne et Stephen

Le comté de MIDDLESEX, partagé en trois divisions, appelées respectivement divisions nord, ouest et est :

49. La division nord comprendra les townships de McGillivray et Biddulph (soustraits au comté de Huron) et Williams est, Williams ouest, Adélaïde et Lobo

50. La division ouest comprendra les townships de Delaware, Carradoc, Metcalf, Mosa et Ekfrid et le village de Strathroy

[La division est comprendra les townships qu'elle renferme actuellement, et sera bornée de la même manière.]

51. Le comté de LAMBTON comprendra les townships de Bosanquet, Warwick, Plymton, Sarnia, Moore, Enniskillen et Brooke et la ville de Sarnia

52. Le comté de KENT comprendra les townships de Chatham, Dover, Tilbury est, Romney, Raleigh et Harwich et la ville de Chatham

53. Le comté de BOTHWELL comprendra les townships de Sombra, Dawn et Euphemia (soustraits au comté de Lambton) et les townships de Zone, Camden et son augmentation, Orford et Howard (soustraits au comté de Kent)

Le comté de GREY, partagé en deux divisions, appelées respectivement divisions sud et nord :

54. La division sud comprendra les townships de Bentinck, Glenelg, Artemesia, Osprey, Normanby, Egremont, Proton et Melancthon

55. La division nord comprendra les townships de Collingwood, Euphrasia, Holland, Saint-Vincent, Sydenham, Sullivan, Derby et Keppel, Sarawak et Brooke et la ville d'Owen Sound

Le comté de PERTH, partagé en deux divisions, appelées respectivement divisions sud et nord :

56. La division nord comprendra les townships de Wallace, Elma, Logan, Ellice, Mornington et Easthope nord et la ville de Stratford

57. La division sud comprendra les townships de Blanchard, Downie, South Easthope, Fullarton, Hibbert et les villages de Mitchell et St. Mary's

Le comté de WELLINGTON, partagé en trois divisions, appelées respectivement divisions nord, sud et centre :

58. La division nord comprendra les townships de Amaranth, Arthur, Luther, Minto, Maryborough, Peel et le village de Mount Forest

59. La division centre comprendra les townships de Garafraxa, Erin, Eramosa, Nichol et Pilkington et les villages de Fergus et Elora

60. La division sud comprendra la ville de Guelph et les townships de Guelph et Puslinch

Le comté de NORFOLK, partagé en deux divisions, appelées respectivement divisions sud et nord :

61. La division sud comprendra les townships de Charlotteville, Houghton, Walsingham et Woodhouse et son augmentation

62. La division nord comprendra les townships de Middleton, Townsend et Windham et la ville de Simcoe

63. Le comté d'HALDIMAND comprendra les townships de Oneida, Seneca, Cayuga nord, Cayuga sud, Rainham, Walpole et Dunn

64. Le comté de MONCK comprendra les townships de Canborough et Moulton et Sherbrooke, et le village de Dunville (soustraits au comté d'Haldimand), les townships de Caister et Gainsborough (soustraits au comté de Lincoln) et les townships de Pelham et Wainfleet (soustraits au comté de Welland)

65. Le comté de LINCOLN comprendra les townships de Clinton, Grantham, Grimsby et Louth et la ville de St. Catharines

66. Le comté de WELLAND comprendra les townships de Bertie, Crowland, Humberstone, Stamford, Thorold et Willoughby et les villages de Chippewa, Clifton, Fort Érié, Thorold et Welland

67. Le comté de PEEL comprendra les townships de Chinguacousy, Toronto et l'augmentation de Toronto et les villages de Brampton et Streetsville

68. Le comté de CARDWELL comprendra les townships de Albion et Caledon (soustraits au comté de Peel) et les townships de Adjala et Mono (soustraits au comté de Simcoe)

Le comté de SIMCOE, partagé en deux divisions, appelées respectivement divisions sud et nord :

69. La division sud comprendra les townships de Gwillimbury ouest, Tecumseh, Innisfil, Essa, Tossorontio, Mulmur et le village de Bradford

70. La division nord comprendra les townships de Nottawasaga, Sunnidale, Vespra, Flos, Oro, Medonte, Orillia et Matchedash, Tiny et Tay, Balaklava et Robinson et les villes de Barrie et Collingwood

Le comté de VICTORIA, partagé en deux divisions, appelées respectivement divisions sud et nord :

71. La division sud comprendra les townships de Ops, Mariposa, Emily, Verulam et la ville de Lindsay

72. La division nord comprendra les townships de Anson, Bexley, Carden, Dalton, Digby, Eldon, Fénelon, Hindon, Laxton, Lutterworth, Macaulay et Draper, Sommerville et Morrison, Muskoka, Monck et Watt (soustraits au comté de Simcoe) et tous autres townships arpentés au nord de cette division

Le comté de PETERBOROUGH, partagé en deux divisions, appelées respectivement divisions ouest et est :

73. La division ouest comprendra les townships de Monaghan sud (soustrait au comté de Northumberland), Monaghan nord, Smith, Ennismore et la ville de Peterborough

74. La division est comprendra les townships d'Asphodel, Belmont et Methuen, Douro, Dummer, Galway, Harvey, Minden, Stanhope et Dysart, Otonabee et Snowden et le village de Ashburnham et tous autres townships arpentés au nord de cette division

Le comté de HASTINGS, partagé en trois divisions, appelées respectivement divisions ouest, est et nord :

75. La division ouest comprendra la ville de Belleville, le township de Sydney et le village de Trenton

76. La division est comprendra les townships de Thurlow, Tyendinaga et Hungerford

77. La division nord comprendra les townships de Rawdon, Huntingdon, Madoc, Elzevir, Tudor, Marmora et Lake et le village de Stirling et tous autres townships arpentés au nord de cette division

78. Le comté de LENNOX comprendra les townships de Richmond, Adolphustown, Fredericksburgh nord, Fredericksburgh sud, Ernest Town et l'Île Amherst et le village de Napanee

79. Le comté d'ADDINGTON comprendra les townships de Camden, Portland, Sheffield, Hinchinbrooke, Kaladar, Kennebec, Olden, Oso, Anglesea, Barrie, Clarendon, Palmerston, Effingham, Abinger, Miller, Canonto, Denbigh, Loughborough et Bedford

80. Le comté de FRONTENAC comprendra les townships de Kingston, l'Île Wolfe, Pittsburgh et l'Île Howe et Storrington

Le Comté de RENFREW, partagé en deux divisions, appelées respectivement divisions sud et nord :

81. La division sud comprendra les townships de McNab, Bagot, Blithfield, Brougham, Horton, Admaston, Grattan, Matawatchan, Griffith, Lyndoch, Raglan, Radcliffe, Brudenell, Sebastopol et les villages de Arnprior et Renfrew

82. La division nord comprendra les townships de Ross, Bromley, Westmeath, Stafford, Pembroke, Wilberforce, Alice, Petawawa, Buchanan, Algoma sud, Algoma nord, Fraser, McKay, Wylie, Rolph, Head, Maria, Clara, Haggerty, Sherwood, Burns et Richard et tous autres townships arpentés au nord-ouest de cette division.

Les villes et les villages constitués en corporation qui existent lors de l'Union et ne sont pas mentionnés spécialement dans cette annexe, doivent être considérés comme faisant partie du comté ou de la division où ils sont situés.

DEUXIÈME ANNEXE

COMTÉS

Districts électoraux de Québec spécialement fixés

Pontiac	Missisquoi	Compton
Ottawa	Brome	Wolfe et
Argenteuil	Shefford	Richmond
Huntingdon	Stanstead	Mégantic

LA VILLE DE SHERBROOKE

TROISIÈME ANNEXE

Ouvrages et propriétés publics de la province devant appartenir au Canada

1. Canaux, avec les terrains et forces hydrauliques s'y rattachant
2. Havres publics
3. Phares et quais, et l'Île de Sable
4. Bateaux à vapeur, dragueurs et vaisseaux publics
5. Améliorations sur les lacs et rivières
6. Chemins de fer et valeurs de chemins de fer, hypothèques et autres dettes des compagnies de chemins de fer
7. Routes militaires
8. Bureaux de la douane, bureaux de poste et tous autres édifices publics, sauf ceux que le gouvernement du Canada destine à l'usage des législatures et des gouvernements provinciaux

9. Propriétés transférées par le gouvernement impérial et désignées sous le nom de propriétés de l'artillerie
10. Arsenaux, salles d'exercice militaires, uniformes, munitions de guerre et terrains réservés pour les besoins publics et généraux.

QUATRIÈME ANNEXE

Actif devenant la propriété commune de l'Ontario et du Québec

Fonds des bâtiments du Haut-Canada

Asiles d'aliénés

École normale

Palais de justice, à Aylmer, Montréal, Kamouraska } Bas-Canada

Société des hommes de loi du Haut-Canada

Commission des routes à barrières de Montréal

Fonds permanent de l'université

Institution royale

Fonds consolidé d'emprunt municipal (Haut-Canada)

Fonds consolidé d'emprunt municipal (Bas-Canada)

Société d'agriculture du Haut-Canada

Subvention législative du Bas-Canada

Prêt aux incendiés de Québec

Compte des avances (Témiscouata)

Commission des chemins à barrières de Québec

Éducation — Est

Fonds des bâtiments et des jurys (Bas-Canada)

Fonds des municipalités

Fonds du revenu de l'enseignement supérieur (Bas-Canada)

CINQUIÈME ANNEXE

SERMENT D'ALLÉGEANCE

Je, *A. B.*, jure que je serai fidèle et porterai une sincère allégeance à Sa Majesté la reine Victoria.

Note. — Le nom du roi ou de la reine du Royaume-Uni de Grande-Bretagne et d'Irlande, alors régnant, devra être substitué, à l'occasion, avec les mentions appropriées.

DÉCLARATION DES QUALITÉS REQUISES

Je, *A. B.*, déclare et atteste que j'ai les qualités requises par la loi pour être nommé membre du Sénat du Canada [*ou selon le cas*] et que je possède en droit ou en équité comme propriétaire, pour mon propre usage et bénéfice, des terres et tènements en franc et commun socage [*ou* que je suis en bonne saisine ou possession, pour mon propre usage et bénéfice, de terres ou tènements en franc-alleu ou en roture (*selon le cas*)] dans la province de la Nouvelle-Écosse [*ou selon le cas*] de la valeur de quatre mille dollars, en sus de toutes rentes, dettes, charges, hypothèques et redevances qui peuvent être imputées, dues et payables sur ces immeubles ou auxquelles ils peuvent être affectés, et que je n'ai pas collusoirement ou spécieusement obtenu le titre ou la possession de ces immeubles, en tout ou en partie, en vue de devenir membre du Sénat du Canada [*ou selon le cas*] et que mes biens mobiliers et immobiliers ont une valeur globale de quatre mille dollars en sus de mes dettes et obligations.

SIXIÈME ANNEXE (78)

Production primaire tirée des ressources naturelles non renouvelables et des ressources forestières

1. Pour l'application de l'article 92A :

a) on entend par production primaire tirée d'une ressource naturelle non renouvelable :

(i) soit le produit qui se présente sous la même forme que lors de son extraction du milieu naturel,

(78) Édictée par la *Loi constitutionnelle de 1982*.

(ii) soit le produit non manufacturé de la transformation, du raffinage ou de l'affinage d'une ressource, à l'exception du produit du raffinage du pétrole brut, du raffinage du pétrole brut lourd amélioré, du raffinage des gaz ou des liquides dérivés du charbon ou du raffinage d'un équivalent synthétique du pétrole brut;

b) on entend par production primaire tirée d'une ressource forestière la production constituée de billots, de poteaux, de bois d'oeuvre, de copeaux, de sciure ou d'autre produit primaire du bois, ou de pâte de bois, à l'exception d'un produit manufacturé en bois.

LOI CONSTITUTIONNELLE DE 1982 (79)

ANNEXE B

LOI CONSTITUTIONNELLE DE 1982

PARTIE I

CHARTE CANADIENNE DES DROITS ET LIBERTÉS

Attendu que le Canada est fondé sur des principes qui reconnaissent la suprématie de Dieu et la primauté du droit :

Garantie des droits et libertés

1. La *Charte canadienne des droits et libertés* garantit les droits et libertés qui y sont énoncés. Ils ne peuvent être restreints que par une règle de droit, dans des limites qui soient raisonnables et dont la justification puisse se démontrer dans le cadre d'une société libre et démocratique. Droits et libertés au Canada

---

(79) Édictée comme l'annexe B de la *Loi de 1982 sur le Canada*, (R.-U.) 1982, c. 11, entrée en vigueur le 17 avril 1982. Texte de la *Loi de 1982 sur le Canada* à l'exception de ses annexes A et B :

Loi donnant suite à une demande du Sénat et de la Chambre des communes du Canada

Sa Très Excellente Majesté la Reine, considérant :

qu'à la demande et avec le consentement du Canada, le Parlement du Royaume-Uni est invité à adopter une loi visant à donner effet aux dispositions énoncées ci-après et que le Sénat et la Chambre des communes du Canada réunis en Parlement ont présenté une adresse demandant à Sa Très Gracieuse Majesté de bien vouloir faire déposer devant le Parlement du Royaume-Uni un projet de loi à cette fin,

sur l'avis et du consentement des Lords spirituels et temporels et des Communes réunis en Parlement, et par l'autorité de celui-ci, édicte :

1. La *Loi constitutionnelle de 1982*, énoncée à l'annexe B, est édictée pour le Canada et y a force de loi. Elle entre en vigueur conformément à ses dispositions.

2. Les lois adoptées par le Parlement du Royaume-Uni après l'entrée en vigueur de la *Loi constitutionnelle de 1982* ne font pas partie du droit du Canada.

3. La partie de la version française de la présente loi qui figure à l'annexe A a force de loi au Canada au même titre que la version anglaise correspondante.

4. Titre abrégé de la présente loi : *Loi de 1982 sur le Canada.*

Libertés fondamentales

Libertés fondamentales

2. Chacun a les libertés fondamentales suivantes :

a) liberté de conscience et de religion;

b) liberté de pensée, de croyance, d'opinion et d'expression, y compris la liberté de la presse et des autres moyens de communication;

c) liberté de réunion pacifique;

d) liberté d'association.

Droits démocratiques

Droits démocratiques des citoyens

3. Tout citoyen canadien a le droit de vote et est éligible aux élections législatives fédérales ou provinciales.

Mandat maximal des assemblées

4. (1) Le mandat maximal de la Chambre des communes et des assemblées législatives est de cinq ans à compter de la date fixée pour le retour des brefs relatifs aux élections générales correspondantes. (80)

Prolongations spéciales

(2) Le mandat de la Chambre des communes ou celui d'une assemblée législative peut être prolongé respectivement par le Parlement ou par la législature en question au-delà de cinq ans en cas de guerre, d'invasion ou d'insurrection, réelles ou appréhendées, pourvu que cette prolongation ne fasse pas l'objet d'une opposition exprimée par les voix de plus du tiers des députés de la Chambre des communes ou de l'assemblée législative. (81)

Séance annuelle

5. Le Parlement et les législatures tiennent une séance au moins une fois tous les douze mois. (82)

---

(80) Voir l'article 50 et les notes portant sur les articles 85 et 88 de la *Loi constitutionnelle de 1867*.

(81) Remplace la partie de la catégorie 1 de l'article 91 de la *Loi constitutionnelle de 1867* qui a été abrogée comme l'indique le paragraphe 1(3) de l'annexe de la présente loi.

(82) Voir les notes relatives aux articles 20, 86 et 88 de la *Loi constitutionnelle de 1867*.

Liberté de circulation et d'établissement

6. (1) Tout citoyen canadien a le droit de demeurer au Canada, d'y entrer ou d'en sortir. Liberté de circulation

(2) Tout citoyen canadien et toute personne ayant le statut de résident permanent au Canada ont le droit : Liberté d'établissement

a) de se déplacer dans tout le pays et d'établir leur résidence dans toute province;

b) de gagner leur vie dans toute province.

(3) Les droits mentionnés au paragraphe (2) sont subordonnés : Restriction

a) aux lois et usages d'application générale en vigueur dans une province donnée, s'ils n'établissent entre les personnes aucune distinction fondée principalement sur la province de résidence antérieure ou actuelle;

b) aux lois prévoyant de justes conditions de résidence en vue de l'obtention des services sociaux publics.

(4) Les paragraphes (2) et (3) n'ont pas pour objet d'interdire les lois, programmes ou activités destinés à améliorer, dans une province, la situation d'individus défavorisés socialement ou économiquement, si le taux d'emploi dans la province est inférieur à la moyenne nationale. Programmes de promotion sociale

Garanties juridiques

7. Chacun a droit à la vie, à la liberté et à la sécurité de sa personne; il ne peut être porté atteinte à ce droit qu'en conformité avec les principes de justice fondamentale. Vie, liberté et sécurité

8. Chacun a droit à la protection contre les fouilles, les perquisitions ou les saisies abusives. Fouilles, perquisitions ou saisies

9. Chacun a droit à la protection contre la détention ou l'emprisonnement arbitraires. Détention ou emprisonnement

Arrestation ou détention

10. Chacun a le droit, en cas d'arrestation ou de détention :

a) d'être informé dans les plus brefs délais des motifs de son arrestation ou de sa détention;

b) d'avoir recours sans délai à l'assistance d'un avocat et d'être informé de ce droit;

c) de faire contrôler, par *habeas corpus*, la légalité de sa détention et d'obtenir, le cas échéant, sa libération.

Affaires criminelles et pénales

11. Tout inculpé a le droit :

a) d'être informé sans délai anormal de l'infraction précise qu'on lui reproche;

b) d'être jugé dans un délai raisonnable;

c) de ne pas être contraint de témoigner contre lui-même dans toute poursuite intentée contre lui pour l'infraction qu'on lui reproche;

d) d'être présumé innocent tant qu'il n'est pas déclaré coupable, conformément à la loi, par un tribunal indépendant et impartial à l'issue d'un procès public et équitable;

e) de ne pas être privé sans juste cause d'une mise en liberté assortie d'un cautionnement raisonnable;

f) sauf s'il s'agit d'une infraction relevant de la justice militaire, de bénéficier d'un procès avec jury lorsque la peine maximale prévue pour l'infraction dont il est accusé est un emprisonnement de cinq ans ou une peine plus grave;

g) de ne pas être déclaré coupable en raison d'une action ou d'une omission qui, au moment où elle est survenue, ne constituait pas une infraction d'après le droit interne du Canada ou le droit international et n'avait pas de caractère criminel d'après les principes généraux de droit reconnus par l'ensemble des nations;

h) d'une part de ne pas être jugé de nouveau pour une infraction dont il a été définitivement acquitté, d'autre part de ne pas être jugé ni puni de nouveau pour une infraction dont il a été définitivement déclaré coupable et puni;

i) de bénéficier de la peine la moins sévère, lorsque la peine qui sanctionne l'infraction dont il est déclaré coupable est modifiée entre le moment de la perpétration de l'infraction et celui de la sentence.

12. Chacun a droit à la protection contre tous traitements ou peines cruels et inusités.

Cruauté

13. Chacun a droit à ce qu'aucun témoignage incriminant qu'il donne ne soit utilisé pour l'incriminer dans d'autres procédures, sauf lors de poursuites pour parjure ou pour témoignages contradictoires.

Témoignage incriminant

14. La partie ou le témoin qui ne peuvent suivre les procédures, soit parce qu'ils ne comprennent pas ou ne parlent pas la langue employée, soit parce qu'ils sont atteints de surdité, ont droit à l'assistance d'un interprète.

Interprète

Droits à l'égalité

15. (1) La loi ne fait acception de personne et s'applique également à tous, et tous ont droit à la même protection et au même bénéfice de la loi, indépendamment de toute discrimination, notamment des discriminations fondées sur la race, l'origine nationale ou ethnique, la couleur, la religion, le sexe, l'âge ou les déficiences mentales ou physiques.

Égalité devant la loi, égalité de bénéfice et protection égale de la loi

(2) Le paragraphe (1) n'a pas pour effet d'interdire les lois, programmes ou activités destinés à améliorer la situation d'individus ou de groupes défavorisés, notamment du fait de leur race, de leur origine nationale ou ethnique, de leur couleur, de leur religion, de leur sexe, de leur âge ou de leurs déficiences mentales ou physiques.

Programmes de promotion sociale

Langues officielles du Canada

16. (1) Le français et l'anglais sont les langues officielles du Canada; ils ont un statut et des droits et privilèges égaux quant à leur usage dans les institutions du Parlement et du gouvernement du Canada.

Langues officielles du Canada

(2) Le français et l'anglais sont les langues officielles du Nouveau-Brunswick; ils ont un statut et des droits et privilèges égaux quant à leur usage dans les institutions de la Législature et du gouvernement du Nouveau-Brunswick.

Langues officielles du Nouveau-Brunswick

(3) La présente charte ne limite pas le pouvoir du Parlement et des législatures de favoriser la progression vers l'égalité de statut ou d'usage du français et de l'anglais.

Progression vers l'égalité

17. (1) Chacun a le droit d'employer le français ou l'anglais dans les débats et travaux du Parlement. (83)

Travaux du Parlement

(83) Voir l'article 133 de la *Loi constitutionnelle de 1867* et la note relative à cet article.

Travaux de la Législature du Nouveau-Brunswick

(2) Chacun a le droit d'employer le français ou l'anglais dans les débats et travaux de la Législature du Nouveau-Brunswick. (84)

Documents parlementaires

18. (1) Les lois, les archives, les comptes rendus et les procès-verbaux du Parlement sont imprimés et publiés en français et en anglais, les deux versions des lois ayant également force de loi et celles des autres documents ayant même valeur. (85)

Documents de la Législature du Nouveau-Brunswick

(2) Les lois, les archives, les comptes rendus et les procès-verbaux de la Législature du Nouveau-Brunswick sont imprimés et publiés en français et en anglais, les deux versions des lois ayant également force de loi et celles des autres documents ayant même valeur. (86)

Procédures devant les tribunaux établis par le Parlement

19. (1) Chacun a le droit d'employer le français ou l'anglais dans toutes les affaires dont sont saisis les tribunaux établis par le Parlement et dans tous les actes de procédure qui en découlent. (87)

Procédures devant les tribunaux du Nouveau-Brunswick

(2) Chacun a le droit d'employer le français ou l'anglais dans toutes les affaires dont sont saisis les tribunaux du Nouveau-Brunswick et dans tous les actes de procédure qui en découlent. (88)

Communications entre les administrés et les institutions fédérales

20. (1) Le public a, au Canada, droit à l'emploi du français ou de l'anglais pour communiquer avec le siège ou l'administration centrale des institutions du Parlement ou du gouvernement du Canada ou pour en recevoir les services; il a le même droit à l'égard de tout autre bureau de ces institutions là où, selon le cas :

a) l'emploi du français ou de l'anglais fait l'objet d'une demande importante;

b) l'emploi du français et de l'anglais se justifie par la vocation du bureau.

Communications entre les administrés et les institutions du Nouveau-Brunswick

(2) Le public a, au Nouveau-Brunswick, droit à l'emploi du français ou de l'anglais pour communiquer avec tout bureau des institutions de la législature ou du gouvernement ou pour en recevoir les services.

---

(84) Ibid.

(85) Ibid.

(86) Ibid.

(87) Ibid.

(88) Ibid.

21. Les articles 16 à 20 n'ont pas pour effet, en ce qui a trait à la langue française ou anglaise ou à ces deux langues, de porter atteinte aux droits, privilèges ou obligations qui existent ou sont maintenus aux termes d'une autre disposition de la Constitution du Canada. (89) Maintien en vigueur de certaines dispositions

22. Les articles 16 à 20 n'ont pas pour effet de porter atteinte aux droits et privilèges, antérieurs ou postérieurs à l'entrée en vigueur de la présente charte et découlant de la loi ou de la coutume, des langues autres que le français ou l'anglais. Droits préservés

Droits à l'instruction dans la langue de la minorité

23. (1) Les citoyens canadiens : Langue d'instruction

a) dont la première langue apprise et encore comprise est celle de la minorité francophone ou anglophone de la province où ils résident,

b) qui ont reçu leur instruction, au niveau primaire, en français ou en anglais au Canada et qui résident dans une province où la langue dans laquelle ils ont reçu cette instruction est celle de la minorité francophone ou anglophone de la province,

ont, dans l'un ou l'autre cas, le droit d'y faire instruire leurs enfants, aux niveaux primaire et secondaire, dans cette langue. (90)

(2) Les citoyens canadiens dont un enfant a reçu ou reçoit son instruction, au niveau primaire ou secondaire, en français ou en anglais au Canada ont le droit de faire instruire tous leurs enfants, aux niveaux primaire et secondaire, dans la langue de cette instruction. Continuité d'emploi de la langue d'instruction

(3) Le droit reconnu aux citoyens canadiens par les paragraphes (1) et (2) de faire instruire leurs enfants, aux niveaux primaire et secondaire, dans la langue de la minorité francophone ou anglophone d'une province : Justification par le nombre

a) s'exerce partout dans la province où le nombre des enfants des citoyens qui ont ce droit est suffisant pour

(89) Voir par exemple l'article 133 de la *Loi constitutionnelle de 1867* et le renvoi à la *Loi de 1870 sur le Manitoba* dans la note relative à cet article.

(90) L'alinéa 23(1)*a*) n'est pas en vigueur. Voir l'article 59 *infra*.

justifier à leur endroit la prestation, sur les fonds publics, de l'instruction dans la langue de la minorité;

b) comprend, lorsque le nombre de ces enfants le justifie, le droit de les faire instruire dans des établissements d'enseignement de la minorité linguistique financés sur les fonds publics.

Recours

Recours en cas d'atteinte aux droits et libertés

24. (1) Toute personne, victime de violation ou de négation des droits ou libertés qui lui sont garantis par la présente charte, peut s'adresser à un tribunal compétent pour obtenir la réparation que le tribunal estime convenable et juste eu égard aux circonstances.

Irrecevabilité d'éléments de preuve qui risqueraient de déconsidérer l'administration de la justice

(2) Lorsque, dans une instance visée au paragraphe (1), le tribunal a conclu que des éléments de preuve ont été obtenus dans des conditions qui portent atteinte aux droits ou libertés garantis par la présente charte, ces éléments de preuve sont écartés s'il est établi, eu égard aux circonstances, que leur utilisation est susceptible de déconsidérer l'administration de la justice.

Dispositions générales

Maintien des droits et libertés des autochtones

25. Le fait que la présente charte garantit certains droits et libertés ne porte pas atteinte aux droits ou libertés — ancestraux, issus de traités ou autres — des peuples autochtones du Canada, notamment :

a) aux droits ou libertés reconnus par la proclamation royale du 7 octobre 1763;

b) aux droits ou libertés acquis par règlement de revendications territoriales.

Maintien des autres droits et libertés

26. Le fait que la présente charte garantit certains droits et libertés ne constitue pas une négation des autres droits ou libertés qui existent au Canada.

Maintien du patrimoine culturel

27. Toute interprétation de la présente charte doit concorder avec l'objectif de promouvoir le maintien et la valorisation du patrimoine multiculturel des Canadiens.

Égalité de garantie des droits pour les deux sexes

28. Indépendamment des autres dispositions de la présente charte, les droits et libertés qui y sont mentionnés sont garantis également aux personnes des deux sexes.

29. Les dispositions de la présente charte ne portent pas atteinte aux droits ou privilèges garantis en vertu de la Constitution du Canada concernant les écoles séparées et autres écoles confessionnelles. (91)

Maintien des droits relatifs à certaines écoles

30. Dans la présente charte, les dispositions qui visent les provinces, leur législature ou leur assemblée législative visent également le territoire du Yukon, les territoires du Nord-Ouest ou leurs autorités législatives compétentes.

Application aux territoires

31. La présente charte n'élargit pas les compétences législatives de quelque organisme ou autorité que ce soit.

Non-élargissement des compétences législatives

Application de la charte

32. (1) La présente charte s'applique :

Application de la charte

a) au Parlement et au gouvernement du Canada, pour tous les domaines relevant du Parlement, y compris ceux qui concernent le territoire du Yukon et les territoires du Nord-Ouest;

b) à la législature et au gouvernement de chaque province, pour tous les domaines relevant de cette législature.

(2) Par dérogation au paragraphe (1), l'article 15 n'a d'effet que trois ans après l'entrée en vigueur du présent article.

Restriction

33. (1) Le Parlement ou la législature d'une province peut adopter une loi où il est expressément déclaré que celle-ci ou une de ses dispositions a effet indépendamment d'une disposition donnée de l'article 2 ou des articles 7 à 15 de la présente charte.

Dérogation par déclaration expresse

(2) La loi ou la disposition qui fait l'objet d'une déclaration conforme au présent article et en vigueur a l'effet qu'elle aurait sauf la disposition en cause de la charte.

Effet de la dérogation

(3) La déclaration visée au paragraphe (1) cesse d'avoir effet à la date qui y est précisée ou, au plus tard, cinq ans après son entrée en vigueur.

Durée de validité

(4) Le Parlement ou une législature peut adopter de nouveau une déclaration visée au paragraphe (1).

Nouvelle adoption

---

(91) Voir l'article 93 de la *Loi constitutionnelle de 1867* et la note relative à cet article.

Durée de validité

(5) Le paragraphe (3) s'applique à toute déclaration adoptée sous le régime du paragraphe (4).

Titre

Titre

34. Titre de la présente partie : *Charte canadienne des droits et libertés.*

PARTIE II

DROITS DES PEUPLES AUTOCHTONES DU CANADA

Confirmation des droits existants des peuples autochtones

35. (1) Les droits existants — ancestraux ou issus de traités — des peuples autochtones du Canada sont reconnus et confirmés.

Définition de «peuples autochtones du Canada»

(2) Dans la présente loi, «peuples autochtones du Canada» s'entend notamment des Indiens, des Inuit et des Métis du Canada.

PARTIE III

PÉRÉQUATION ET INÉGALITÉS RÉGIONALES

Engagements relatifs à l'égalité des chances

36. (1) Sous réserve des compétences législatives du Parlement et des législatures et de leur droit de les exercer, le Parlement et les législatures, ainsi que les gouvernements fédéral et provinciaux, s'engagent à :

a) promouvoir l'égalité des chances de tous les Canadiens dans la recherche de leur bien-être;

b) favoriser le développement économique pour réduire l'inégalité des chances;

c) fournir à tous les Canadiens, à un niveau de qualité acceptable, les services publics essentiels.

Engagement relatif aux services publics

(2) Le Parlement et le gouvernement du Canada prennent l'engagement de principe de faire des paiements de péréquation propres à donner aux gouvernements provinciaux des revenus suffisants pour les mettre en mesure d'assurer les services publics à un niveau de qualité et de fiscalité sensiblement comparables. (92)

---

(92) Voir les notes relatives aux articles 114 et 118 de la *Loi constitutionnelle de 1867*.

PARTIE IV

CONFÉRENCE CONSTITUTIONNELLE

Conférence constitutionnelle

37. (1) Dans l'année suivant l'entrée en vigueur de la présente partie, le premier ministre du Canada convoque une conférence constitutionnelle réunissant les premiers ministres provinciaux et lui-même.

Participation des peuples autochtones

(2) Sont placécs à l'ordre du jour de la conférence visée au paragraphe (1) les questions constitutionnelles qui intéressent directement les peuples autochtones du Canada, notamment la détermination et la définition des droits de ces peuples à inscrire dans la Constitution du Canada. Le premier ministre du Canada invite leurs représentants à participer aux travaux relatifs à ces questions.

Participation des territoires

(3) Le premier ministre du Canada invite des représentants élus des gouvernements du territoire du Yukon et des territoires du Nord-Ouest à participer aux travaux relatifs à toute question placée à l'ordre du jour de la conférence visée au paragraphe (1) et qui, selon lui, intéresse directement le territoire du Yukon et les territoires du Nord-Ouest.

PARTIE V

PROCÉDURE DE MODIFICATION DE LA CONSTITUTION DU CANADA (93)

Procédure normale de modification

38. (1) La Constitution du Canada peut être modifiée par proclamation du gouverneur général sous le grand sceau du Canada, autorisée à la fois :

a) par des résolutions du Sénat et de la Chambre des communes;

b) par des résolutions des assemblées législatives d'au moins deux tiers des provinces dont la population confondue représente, selon le recensement général le plus récent à l'époque, au moins cinquante pour cent de la population de toutes les provinces.

---

(93) Avant l'adoption de la partie V, certaines dispositions de la Constitution du Canada et des constitutions des provinces pouvaient être modifiées en vertu de la *Loi constitutionnelle de 1867*. Voir la note relative à la catégorie 1 de l'article 91 et à la catégorie 1 de l'article 92 *supra*. Seul le Parlement du Royaume-Uni pouvait apporter des modifications aux autres dispositions de la Constitution.

Majorité simple

(2) Une modification faite conformément au paragraphe (1) mais dérogatoire à la compétence législative, aux droits de propriété ou à tous autres droits ou privilèges d'une législature ou d'un gouvernement provincial exige une résolution adoptée à la majorité des sénateurs, des députés fédéraux et des députés de chacune des assemblées législatives du nombre requis de provinces.

Désaccord

(3) La modification visée au paragraphe (2) est sans effet dans une province dont l'assemblée législative a, avant la prise de la proclamation, exprimé son désaccord par une résolution adoptée à la majorité des députés, sauf si cette assemblée, par résolution également adoptée à la majorité, revient sur son désaccord et autorise la modification.

Levée du désaccord

(4) La résolution de désaccord visée au paragraphe (3) peut être révoquée à tout moment, indépendamment de la date de la proclamation à laquelle elle se rapporte.

Restriction

39. (1) La proclamation visée au paragraphe 38(1) ne peut être prise dans l'année suivant l'adoption de la résolution à l'origine de la procédure de modification que si l'assemblée législative de chaque province a préalablement adopté une résolution d'agrément ou de désaccord.

Idem

(2) La proclamation visée au paragraphe 38(1) ne peut être prise que dans les trois ans suivant l'adoption de la résolution à l'origine de la procédure de modification.

Compensation

40. Le Canada fournit une juste compensation aux provinces auxquelles ne s'applique pas une modification faite conformément au paragraphe 38(1) et relative, en matière d'éducation ou dans d'autres domaines culturels, à un transfert de compétences législatives provinciales au Parlement.

Consentement unanime

41. Toute modification de la Constitution du Canada portant sur les questions suivantes se fait par proclamation du gouverneur général sous le grand sceau du Canada, autorisée par des résolutions du Sénat, de la Chambre des communes et de l'assemblée législative de chaque province :

a) la charge de Reine, celle de gouverneur général et celle de lieutenant-gouverneur;

b) le droit d'une province d'avoir à la Chambre des communes un nombre de députés au moins égal à celui des sénateurs par lesquels elle est habilitée à être représentée lors de l'entrée en vigueur de la présente partie;

c) sous réserve de l'article 43, l'usage du français ou de l'anglais;

d) la composition de la Cour suprême du Canada;

e) la modification de la présente partie.

42. (1) Toute modification de la Constitution du Canada portant sur les questions suivantes se fait conformément au paragraphe 38(1) :

Procédure normale de modification

a) le principe de la représentation proportionnelle des provinces à la Chambre des communes prévu par la Constitution du Canada;

b) les pouvoirs du Sénat et le mode de sélection des sénateurs;

c) le nombre des sénateurs par lesquels une province est habilitée à être représentée et les conditions de résidence qu'ils doivent remplir;

d) sous réserve de l'alinéa 41*d*), la Cour suprême du Canada;

e) le rattachement aux provinces existantes de tout ou partie des territoires;

f) par dérogation à toute autre loi ou usage, la création de provinces.

(2) Les paragraphes 38(2) à (4) ne s'appliquent pas aux questions mentionnées au paragraphe (1).

Exception

43. Les dispositions de la Constitution du Canada applicables à certaines provinces seulement ne peuvent être modifiées que par proclamation du gouverneur général sous le grand sceau du Canada, autorisée par des résolutions du Sénat, de la Chambre des communes et de l'assemblée législative de chaque province concernée. Le présent article s'applique notamment :

Modification à l'égard de certaines provinces

a) aux changements du tracé des frontières interprovinciales;

b) aux modifications des dispositions relatives à l'usage du français ou de l'anglais dans une province.

44. Sous réserve des articles 41 et 42, le Parlement a compétence exclusive pour modifier les dispositions de la Constitution du Canada relatives au pouvoir exécutif fédéral, au Sénat ou à la Chambre des communes.

Modification par le Parlement

Modification par les législatures

45. Sous réserve de l'article 41, une législature a compétence exclusive pour modifier la constitution de sa province.

Initiative des procédures

46. (1) L'initiative des procédures de modification visées aux articles 38, 41, 42 et 43 appartient au Sénat, à la Chambre des communes ou à une assemblée législative.

Possibilité de révocation

(2) Une résolution d'agrément adoptée dans le cadre de la présente partie peut être révoquée à tout moment avant la date de la proclamation qu'elle autorise.

Modification sans résolution du Sénat

47. (1) Dans les cas visés à l'article 38, 41, 42 ou 43, il peut être passé outre au défaut d'autorisation du Sénat si celui-ci n'a pas adopté de résolution dans un délai de cent quatre-vingts jours suivant l'adoption de celle de la Chambre des communes et si cette dernière, après l'expiration du délai, adopte une nouvelle résolution dans le même sens.

Computation du délai

(2) Dans la computation du délai visé au paragraphe (1), ne sont pas comptées les périodes pendant lesquelles le Parlement est prorogé ou dissous.

Demande de proclamation

48. Le Conseil privé de la Reine pour le Canada demande au gouverneur général de prendre, conformément à la présente partie, une proclamation dès l'adoption des résolutions prévues par cette partie pour une modification par proclamation.

Conférence constitutionnelle

49. Dans les quinze ans suivant l'entrée en vigueur de la présente partie, le premier ministre du Canada convoque une conférence constitutionnelle réunissant les premiers ministres provinciaux et lui-même, en vue du réexamen des dispositions de cette partie.

PARTIE VI

MODIFICATION DE LA LOI CONSTITUTIONNELLE DE 1867

Modification de la *Loi constitutionnelle de 1867*

50. (94)

51. (95)

PARTIE VII

DISPOSITIONS GÉNÉRALES

Primauté de la Constitution du Canada

52. (1) La Constitution du Canada est la loi suprême du Canada; elle rend inopérantes les dispositions incompatibles de toute autre règle de droit.

---

(94) Pour le texte de cette modification voir l'article 92A de la codification de la *Loi constitutionnelle de 1867*.

(95) Pour le texte de cette modification voir la sixième annexe de la codification de la *Loi constitutionnelle de 1867*.

(2) La Constitution du Canada comprend : Constitution du Canada

a) la *Loi de 1982 sur le Canada*, y compris la présente loi;

b) les textes législatifs et les décrets figurant à l'annexe;

c) les modifications des textes législatifs et des décrets mentionnés aux alinéas *a*) ou *b*).

(3) La Constitution du Canada ne peut être modifiée que conformément aux pouvoirs conférés par elle. Modification

53. (1) Les textes législatifs et les décrets énumérés à la colonne I de l'annexe sont abrogés ou modifiés dans la mesure indiquée à la colonne II. Sauf abrogation, ils restent en vigueur en tant que lois du Canada sous les titres mentionnés à la colonne III. Abrogation et nouveaux titres

(2) Tout texte législatif ou réglementaire, sauf la *Loi sur le Canada de 1982*, qui fait mention d'un texte législatif ou décret figurant à l'annexe par le titre indiqué à la colonne I est modifié par substitution à ce titre du titre correspondant mentionné à la colonne III; tout Acte de l'Amérique du Nord britannique non mentionné à l'annexe peut être cité sous le titre de *Loi constitutionnelle* suivi de l'indication de l'année de son adoption et éventuellement de son numéro. Modifications corrélatives

54. La partie IV est abrogée un an après l'entrée en vigueur de la présente partie et le gouverneur général peut, par proclamation sous le grand sceau du Canada, abroger le présent article et apporter en conséquence de cette double abrogation les aménagements qui s'imposent à la présente loi. (96) Abrogation et modifications qui en découlent

55. Le ministre de la Justice du Canada est chargé de rédiger, dans les meilleurs délais, la version française des parties de la Constitution du Canada qui figurent à l'annexe; toute partie suffisamment importante est, dès qu'elle est prête, déposée pour adoption par proclamation du gouverneur général sous le grand sceau du Canada, conformément à la procédure applicable à l'époque à la modification des dispositions constitutionnelles qu'elle contient. Version française de certains textes constitutionnels

56. Les versions française et anglaise des parties de la Constitution du Canada adoptées dans ces deux langues ont également force de loi. En outre, ont également force de loi, Versions française et anglaise de certains textes constitutionnels

(96) La partie VII est entrée en vigueur le 17 avril 1982. *Voir* TR/82-97.

dès l'adoption, dans le cadre de l'article 55, d'une partie de la version française de la Constitution, cette partie et la version anglaise correspondante.

Versions française et anglaise de la présente loi

57. Les versions française et anglaise de la présente loi ont également force de loi.

Entrée en vigueur

58. Sous réserve de l'article 59, la présente loi entre en vigueur à la date fixée par proclamation de la Reine ou du gouverneur général sous le grand sceau du Canada. (97)

Entrée en vigueur de l'alinéa 23(1)*a*) pour le Québec

59. (1) L'alinéa 23(1)*a*) entre en vigueur pour le Québec à la date fixée par proclamation de la Reine ou du gouverneur général sous le grand sceau du Canada.

Autorisation du Québec

(2) La proclamation visée au paragraphe (1) ne peut être prise qu'après autorisation de l'assemblée législative ou du gouvernement du Québec. (98)

Abrogation du présent article

(3) Le présent article peut être abrogé à la date d'entrée en vigueur de l'alinéa 23(1)*a*) pour le Québec, et la présente loi faire l'objet, dès cette abrogation, des modifications et changements de numérotation qui en découlent, par proclamation de la Reine ou du gouverneur général sous le grand sceau du Canada.

Titres

60. Titre abrégé de la présente loi : *Loi constitutionnelle de 1982*; titre commun des lois constitutionnelles de 1867 à 1975 (n° 2) et de la présente loi : *Lois constitutionnelles de 1867 à 1982*.

---

(97) La loi, à l'exception de l'alinéa 23(1)*a*), est entrée en vigueur le 17 avril 1982 par proclamation de la Reine.

(98) Aucune proclamation n'a été prise en vertu de l'article 59.

ANNEXE

de la

LOI CONSTITUTIONNELLE DE 1982

ACTUALISATION DE LA CONSTITUTION

	Colonne I Loi visée	Colonne II Modification	Colonne III Nouveau titre
1.	Acte de l'Amérique du Nord britannique, 1867, 30-31 Victoria, c. 3 (R.-U.)	(1) L'article 1 est abrogé et remplacé par ce qui suit : «1. Titre abrégé : *Loi constitutionnelle de 1867*.» (2) L'article 20 est abrogé. (3) La catégorie 1 de l'article 91 est abrogée. (4) La catégorie 1 de l'article 92 est abrogée.	Loi constitutionnelle de 1867
2.	Acte pour amender et continuer l'acte trente-deux et trente-trois Victoria, chapitre trois, et pour établir et constituer le gouvernement de la province de Manitoba, 1870, 33 Victoria, c. 3 (Canada)	(1) Le titre complet est abrogé et remplacé par ce qui suit : «*Loi de 1870 sur le Manitoba*.» (2) L'article 20 est abrogé.	Loi de 1870 sur le Manitoba
3.	Arrêté en conseil de Sa Majesté admettant la Terre de Rupert et le territoire du Nord-Ouest, en date du 23 juin 1870		Décret en conseil sur la terre de Rupert et le territoire du Nord-Ouest

ANNEXE (*suite*)

de la

LOI CONSTITUTIONNELLE DE 1982

	Colonne I Loi visée	Colonne II Modification	Colonne III Nouveau titre
4.	Arrêté en conseil de Sa Majesté admettant la Colombie-Britannique, en date du 16 mai 1871		Conditions de l'adhésion de la Colombie-Britannique
5.	Acte de l'Amérique du Nord britannique, 1871, 34-35 Victoria, c. 28 (R.-U.)	L'article 1 est abrogé et remplacé par ce qui suit : «1. Titre abrégé : *Loi constitutionnelle de 1871*.»	Loi constitutionnelle de 1871
6.	Arrêté en conseil de Sa Majesté admettant l'Île-du-Prince-Édouard, en date du 26 juin 1873		Conditions de l'adhésion de l'Île-du-Prince-Édouard
7.	Acte du Parlement du Canada, 1875, 38-39 Victoria, c. 38 (R.-U.)		Loi de 1875 sur le Parlement du Canada
8.	Arrêté en conseil de Sa Majesté admettant dans l'Union tous les territoires et possessions britanniques dans l'Amérique du Nord, et les îles adjacentes à ces territoires et possessions, en date du 31 juillet 1880		Décret en conseil sur les territoires adjacents

ANNEXE (*suite*)

de la

LOI CONSTITUTIONNELLE DE 1982

	Colonne I Loi visée	Colonne II Modification	Colonne III Nouveau titre
9.	Acte de l'Amérique du Nord britannique, 1886, 49-50 Victoria, c. 35 (R.-U.)	L'article 3 est abrogé et remplacé par ce qui suit : «3. Titre abrégé : *Loi constitutionnelle de 1886*.»	Loi constitutionnelle de 1886
10.	Acte du Canada (limites d'Ontario) 1889, 52-53 Victoria, c. 28 (R.-U.)		Loi de 1889 sur le Canada (frontières de l'Ontario)
11.	Acte concernant l'Orateur canadien (nomination d'un suppléant) 1895, 2e session, 59 Victoria, c. 3 (R.-U.)	La loi est abrogée.	
12.	Acte de l'Alberta, 1905, 4-5 Édouard VII, c. 3 (Canada)		Loi sur l'Alberta
13.	Acte de la Saskatchewan, 1905, 4-5 Édouard VII, c. 42 (Canada)		Loi sur la Saskatchewan
14.	Acte de l'Amérique du Nord britannique, 1907, 7 Édouard VII, c. 11 (R.-U.)	L'article 2 est abrogé et remplacé par ce qui suit : «2. Titre abrégé : *Loi constitutionnelle de 1907*.»	Loi constitutionnelle de 1907

ANNEXE (*suite*)

de la

LOI CONSTITUTIONNELLE DE 1982

	Colonne I Loi visée	Colonne II Modification	Colonne III Nouveau titre
15.	Acte de l'Amérique du Nord britannique, 1915, 5-6 George V, c. 45 (R.-U.)	L'article 3 est abrogé et remplacé par ce qui suit : «3. Titre abrégé : *Loi constitutionnelle de 1915.*»	Loi constitutionnelle de 1915
16.	Acte de l'Amérique du Nord britannique, 1930, 20-21 George V, c. 26 (R.-U.)	L'article 3 est abrogé et remplacé par ce qui suit : «3. Titre abrégé : *Loi constitutionnelle de 1930.*»	Loi constitutionnelle de 1930
17.	Statut de Westminster, 1931, 22 George V, c. 4 (R.-U.)	Dans la mesure où ils s'appliquent au Canada : *a*) l'article 4 est abrogé; *b*) le paragraphe 7(1) est abrogé.	Statut de Westminster de 1931
18.	Acte de l'Amérique du Nord britannique, 1940, 3-4 George VI, c. 36 (R.-U.)	L'article 2 est abrogé et remplacé par ce qui suit : «2. Titre abrégé : *Loi constitutionnelle de 1940.*»	Loi constitutionnelle de 1940
19.	Acte de l'Amérique du Nord britannique, 1943, 6-7 George VI, c. 30 (R.-U.)	La loi est abrogée.	

ANNEXE (*suite*)

de la

LOI CONSTITUTIONNELLE DE 1982

	Colonne I Loi visée	Colonne II Modification	Colonne III Nouveau titre
20.	Acte de l'Amérique du Nord britannique, 1946, 9-10 George VI, c. 63 (R.-U.)	La loi est abrogée.	
21.	Acte de l'Amérique du Nord britannique, 1949, 12-13 George VI, c. 22 (R.-U.)	L'article 3 est abrogé et remplacé par ce qui suit : «3. Titre abrégé : *Loi sur Terre-Neuve.*»	Loi sur Terre-Neuve
22.	Acte de l'Amérique du Nord britannique (nº 2) 1949, 13 George VI, c. 81 (R.-U.)	La loi est abrogée.	
23.	Acte de l'Amérique du Nord britannique, 1951, 14-15 George VI, c. 32 (R.-U.)	La loi est abrogée.	
24.	Acte de l'Amérique du Nord britannique, 1952, 1 Elizabeth II, c. 15 (Canada)	La loi est abrogée.	

ANNEXE (*suite*)

de la

LOI CONSTITUTIONNELLE DE 1982

	Colonne I Loi visée	Colonne II Modification	Colonne III Nouveau titre
25.	Acte de l'Amérique du Nord britannique, 1960, 9 Elizabeth II, c. 2 (R.-U.)	L'article 2 est abrogé et remplacé par ce qui suit : «2. Titre abrégé : *Loi constitutionnelle de 1960.*»	Loi constitutionnelle de 1960
26.	Acte de l'Amérique du Nord britannique, 1964, 12-13 Elizabeth II, c. 73 (R.-U.)	L'article 2 est abrogé et remplacé par ce qui suit : «2. Titre abrégé : *Loi constitutionnelle de 1964.*»	Loi constitutionnelle de 1964
27.	Acte de l'Amérique du Nord britannique, 1965, 14 Elizabeth II, c. 4, Partie I (Canada)	L'article 2 est abrogé et remplacé par ce qui suit : «2. Titre abrégé de la présente partie : *Loi constitutionnelle de 1965.*»	Loi constitutionnelle de 1965
28.	Acte de l'Amérique du Nord britannique, 1974, 23 Elizabeth II, c. 13, Partie I (Canada)	L'article 3, modifié par le paragraphe 38(1) de la loi, 25-26 Elizabeth II, c. 28 (Canada), est abrogé et remplacé par ce qui suit : «3. Titre abrégé de la présente partie : *Loi constitutionnelle de 1974.*»	Loi constitutionnelle de 1974

ANNEXE (*fin*)

de la

LOI CONSTITUTIONNELLE DE 1982

	Colonne I Loi visée	Colonne II Modification	Colonne III Nouveau titre
29.	Acte de l'Amérique du Nord britannique, 1975, 23-24 Elizabeth II, c. 28, Partie I (Canada)	L'article 3, modifié par l'article 31 de la loi, 25-26 Elizabeth II, c. 28 (Canada), est abrogé et remplacé par ce qui suit : «3. Titre abrégé de la présente partie : *Loi constitutionnelle n° 1 de 1975*.»	Loi constitutionnelle n° 1 de 1975
30.	Acte de l'Amérique du Nord britannique n° 2, 1975, 23-24 Elizabeth II, c. 53 (Canada)	L'article 3 est abrogé et remplacé par ce qui suit : «3. Titre abrégé : *Loi constitutionnelle n° 2 de 1975*.»	Loi constitutionnelle n° 2 de 1975

CANADA

A Consolidation of

THE CONSTITUTION ACTS 1867 to 1982

DEPARTMENT OF JUSTICE
CANADA

Consolidated as of April 17, 1982

Available in Canada through

Authorized Bookstore Agents
and other bookstores

or by mail from

Canadian Government Publishing Centre
Supply and Services Canada
Ottawa, Canada, K1A 0S9

Catalogue No. YX 1-1-1982 — Canada: $5.25
ISBN 0-660-52101-6 — Other countries: $6.30

Price subject to change without notice

FOREWORD

This consolidation contains the text of the *British North America Act, 1867* (renamed the *Constitution Act, 1867* by the *Constitution Act, 1982*), together with amendments made to it since its enactment, and the text of the *Constitution Act, 1982*. The latter Act contains the *Canadian Charter of Rights and Freedoms* and other new provisions, including the procedure for amending the Constitution of Canada.

The *Constitution Act, 1982* also contains a Schedule of repeals of certain constitutional enactments and provides for the renaming of others. The *British North America Act, 1949*, for example, is renamed in the Schedule, the *Newfoundland Act*. The new names of these enactments are used in this consolidation, but their former names may be found in the Schedule.

The *Constitution Act, 1982*, was enacted as Schedule B to the *Canada Act 1982* (U.K.) 1982, c. 11. It is set out in this consolidation as a separate Act after the *Constitution Act, 1867*, and the *Canada Act 1982* is contained in the first footnote thereto.

The law embodied in the *Constitution Act, 1867* has been altered many times otherwise than by direct amendment, not only by the Parliament of the United Kingdom, but also by the Parliament of Canada and the legislatures of the provinces in those cases where provisions of that Act are expressed to be subject to alteration by Parliament or the legislatures. A consolidation of the Constitution Acts with only such subsequent enactments as directly alter the text of the Act would therefore not produce a true statement of the law. In preparing this consolidation an attempt has been made to reflect accurately the substance of the law contained in enactments modifying the provisions of the *Constitution Act, 1867*.

The various classes of enactments modifying the text of the *Constitution Act, 1867*, have been dealt with as follows:

I. Direct Amendments

1. *Repeals*

Repealed provisions (e.g. section 2) have been deleted from the text and quoted in a footnote.

2. *Amendments*

Amended provisions (e.g. section 4) are reproduced in the text in their amended form and the original provisions are quoted in a footnote.

3. *Additions*

Added provisions (e.g. section 51A) are included in the text.

4. *Substitutions*

Substituted provisions (e.g. section 18) are included in the text, and the former provision is quoted in a footnote.

II. Indirect Amendments

1. *Alterations by United Kingdom Parliament*

Provisions altered by the United Kingdom Parliament otherwise than by direct amendment (e.g. section 21) are included in the text in their altered form, and the original provision is quoted in a footnote.

2. *Additions by United Kingdom Parliament*

Constitutional provisions added otherwise than by the insertion of additional provisions in the *Constitution Act, 1867* (e.g. provisions of the *Constitution Act, 1871* authorizing Parliament to legislate for any territory not included in a province) are not incorporated in the text, but the additional provisions are quoted in an appropriate footnote.

3. *Alterations by Parliament of Canada*

Provisions subject to alteration by the Parliament of Canada (e.g. section 37) have been included in the text in their altered form, wherever possible, but where this was not feasible (e.g. section 40) the original section has been retained in the text and a footnote reference made to the Act of the Parliament of Canada effecting the alteration.

4. *Alterations by the Legislatures*

Provisions subject to alteration by legislatures of the provinces, either by virtue of specific authority (e.g. sections 83, 84) or by virtue of head 1 of section 92 (e.g. sections 70, 72), have been included in the text in their original form, but the footnotes refer to the provincial enactments effecting the alteration. Amendments to provincial enactments are not referred to; these may be readily found by consulting the indexes to

provincial statutes. The enactments of the original provinces only are referred to; there are corresponding enactments by the provinces created at a later date.

III. Spent Provisions

Footnote references are made to those sections that are spent or are probably spent. For example, section 119 became spent by lapse of time and the footnote reference so indicates; on the other hand, section 140 is probably spent, but short of examining all statutes passed before Confederation there would be no way of ascertaining definitely whether or not the section is spent; the footnote reference therefore indicates the section as being probably spent.

The enactments of the United Kingdom Parliament or the Parliament of Canada, and Orders in Council admitting territories, referred to in the footnotes, may be found in Appendix II to the Revised Statutes of Canada, 1970, and in the subsequent sessional volumes of the statutes of Canada.

The reader will notice inconsistencies in the capitalization of nouns. It was originally the practice to capitalize the first letter of all nouns in British statutes and the *Constitution Act, 1867*, was so written, but this practice was discontinued and was never followed in Canadian statutes. In the original provisions included in this consolidation nouns are written as they were enacted.

* * * * * * * * * *

This consolidation contains material prepared by Dr. E. A. Driedger, Q.C., which was last published by the Department of Justice in 1976 under the title *The British North America Acts, 1867 to 1975*. The material has been updated where necessary but the Department gratefully acknowledges Dr. Driedger's earlier work.

THE CONSTITUTION ACT, 1867

30 & 31 Victoria, c. 3.

(Consolidated with amendments)

An Act for the Union of Canada, Nova Scotia, and New Brunswick, and the Government thereof; and for Purposes connected therewith.

(29th March, 1867.)

WHEREAS the Provinces of Canada, Nova Scotia and New Brunswick have expressed their Desire to be federally united into One Dominion under the Crown of the United Kingdom of Great Britain and Ireland, with a Constitution similar in Principle to that of the United Kingdom:

And whereas such a Union would conduce to the Welfare of the Provinces and promote the Interests of the British Empire:

And whereas on the Establishment of the Union by Authority of Parliament it is expedient, not only that the Constitution of the Legislative Authority in the Dominion be provided for, but also that the Nature of the Executive Government therein be declared:

And whereas it is expedient that Provision be made for the eventual Admission into the Union of other Parts of British North America: (1)

I. - PRELIMINARY.

1. This Act may be cited as the *Constitution Act, 1867*.(2) Short title.

---

(1) The enacting clause was repealed by the *Statute Law Revision Act, 1893*, 56-57 Vict., c 14 (U.K.). It read as follows:

> Be it therefore enacted and declared by the Queen's Most Excellent Majesty, by and with the Advice and Consent of the Lords Spiritual and Temporal, and Commons, in this present Parliament assembled, and by the Authority of the same, as follows:

(2) As enacted by the *Constitution Act, 1982*, which came into force on April 17, 1982. The section, as originally enacted, read as follows:

> **1.** This Act may be cited as The British North America Act, 1867.

2. Repealed.(3)

II.—UNION.

Declaration of Union.

3. It shall be lawful for the Queen, by and with the Advice of Her Majesty's Most Honourable Privy Council, to declare by Proclamation that, on and after a Day therein appointed, not being more than Six Months after the passing of this Act, the Provinces of Canada, Nova Scotia, and New Brunswick shall form and be One Dominion under the Name of Canada; and on and after that Day those Three Provinces shall form and be One Dominion under that Name accordingly.(4)

Construction of subsequent Provisions of Act.

4. Unless it is otherwise expressed or implied, the Name Canada shall be taken to mean Canada as constituted under this Act.(5)

Four Provinces.

5. Canada shall be divided into Four Provinces, named Ontario, Quebec, Nova Scotia, and New Brunswick.(6)

---

(3) Section 2, repealed by the *Statute Law Revision Act, 1893*, 56-57 Vict., c. 14 (U.K.), read as follows:

> **2.** The Provisions of this Act referring to Her Majesty the Queen extend also to the Heirs and Successors of Her Majesty, Kings and Queens of the United Kingdom of Great Britain and Ireland.

(4) The first day of July, 1867, was fixed by proclamation dated May 22, 1867.

(5) Partially repealed by the *Statute Law Revision Act, 1893*, 56-57 Vict., c. 14 (U.K.). As originally enacted the section read as follows:

> **4.** The subsequent Provisions of this Act, shall, unless it is otherwise expressed or implied, commence and have effect on and after the Union, that is to say, on and after the Day appointed for the Union taking effect in the Queen's Proclamation; and in the same Provisions, unless it is otherwise expressed or implied, the Name Canada shall be taken to mean Canada as constituted under this Act.

(6) Canada now consists of ten provinces (Ontario, Quebec, Nova Scotia, New Brunswick, Manitoba, British Columbia, Prince Edward Island, Alberta, Saskatchewan and Newfoundland) and two territories (the Yukon Territory and the Northwest Territories).

The first territories added to the Union were Rupert's Land and the North-Western Territory, (subsequently designated the Northwest Territories), which were admitted pursuant to section 146 of the *Constitution Act, 1867* and the *Rupert's Land Act*, 1868, 31-32 Vict., c. 105 (U.K.), by the *Rupert's Land and North-Western Territory Order* of June 23, 1870, effective July 15, 1870. Prior to the admission of those territories the Parliament of Canada enacted *An Act for the temporary Government of Rupert's Land and the North-Western Territory when united with Canada* (32-33 Vict., c. 3), and the *Manitoba Act, 1870*, (33 Vict., c. 3), which provided for the formation of the Province of Manitoba.

British Columbia was admitted into the Union pursuant to section 146 of the *Constitution Act, 1867*, by the *British Columbia Terms of Union*, being Order in Council of May 16, 1871, effective July 20, 1871.

Provinces of Ontario and Quebec.

6. The Parts of the Province of Canada (as it exists at the passing of this Act) which formerly constituted respectively the Provinces of Upper Canada and Lower Canada shall be deemed to be severed, and shall form Two separate Provinces. The Part which formerly constituted the Province of Upper Canada shall constitute the Province of Ontario; and the Part which formerly constituted the Province of Lower Canada shall constitute the Province of Quebec.

Provinces of Nova Scotia and New Brunswick.

7. The Provinces of Nova Scotia and New Brunswick shall have the same Limits as at the passing of this Act.

Decennial Census.

8. In the general Census of the Population of Canada which is hereby required to be taken in the Year One thousand eight hundred and seventy-one, and in every Tenth Year thereafter, the respective Populations of the Four Provinces shall be distinguished.

III.—Executive Power.

Declaration of Executive Power in the Queen.

9. The Executive Government and Authority of and over Canada is hereby declared to continue and be vested in the Queen.

Prince Edward Island was admitted pursuant to section 146 of the *Constitution Act, 1867*, by the *Prince Edward Island Terms of Union*, being Order in Council of June 26, 1873, effective July 1, 1873.

On June 29, 1871, the United Kingdom Parliament enacted the *Constitution Act, 1871* (34-35 Vict., c. 28) authorizing the creation of additional provinces out of territories not included in any province. Pursuant to this statute, the Parliament of Canada enacted the *Alberta Act*, (July 20, 1905, 4-5 Edw. VII, c. 3) and the *Saskatchewan Act*, (July 20, 1905, 4-5 Edw.VII, c. 42), providing for the creation of the provinces of Alberta and Saskatchewan, respectively. Both these Acts came into force on Sept. 1, 1905.

Meanwhile, all remaining British possessions and territories in North America and the islands adjacent thereto, except the colony of Newfoundland and its dependencies, were admitted into the Canadian Confederation by the *Adjacent Territories Order*, dated July 31, 1880.

The Parliament of Canada added portions of the Northwest Territories to the adjoining provinces in 1912 by *The Ontario Boundaries Extension Act*, 1912, 2 Geo. V, c. 40, *The Quebec Boundaries Extension Act*, 1912, 2 Geo. V, c. 45 and *The Manitoba Boundaries Extension Act*, 1912, 2 Geo. V, c. 32, and further additions were made to Manitoba by *The Manitoba Boundaries Extension Act*, 1930, 20-21 Geo. V., c. 28.

The Yukon Territory was created out of the Northwest Territories in 1898 by *The Yukon Territory Act*, 61 Vict., c. 6, (Canada).

Newfoundland was added on March 31, 1949, by the *Newfoundland Act*, (U.K.), 12-13 Geo. VI, c. 22, which ratified the Terms of Union between Canada and Newfoundland.

Application of Provisions referring to Governor General.

10. The Provisions of this Act referring to the Governor General extend and apply to the Governor General for the Time being of Canada, or other the Chief Executive Officer or Administrator for the Time being carrying on the Government of Canada on behalf and in the Name of the Queen, by whatever Title he is designated.

Constitution of Privy Council for Canada.

11. There shall be a Council to aid and advise in the Government of Canada, to be styled the Queen's Privy Council for Canada; and the Persons who are to be Members of that Council shall be from Time to Time chosen and summoned by the Governor General and sworn in as Privy Councillors, and Members thereof may be from Time to Time removed by the Governor General.

All Powers under Acts to be exercised by Governor General with Advice of Privy Council, or alone.

12. All Powers, Authorities, and Functions which under any Act of the Parliament of Great Britain, or of the Parliament of the United Kingdom of Great Britain and Ireland, or of the Legislature of Upper Canada, Lower Canada, Canada, Nova Scotia, or New Brunswick, are at the Union vested in or exerciseable by the respective Governors or Lieutenant Governors of those Provinces, with the Advice, or with the Advice and Consent, of the respective Executive Councils thereof, or in conjunction with those Councils, or with any Number of Members thereof, or by those Governors or Lieutenant Governors individually, shall, as far as the same continue in existence and capable of being exercised after the Union in relation to the Government of Canada, be vested in and exerciseable by the Governor General, with the Advice or with the Advice and Consent of or in conjunction with the Queen's Privy Council for Canada, or any Member thereof, or by the Governor General individually, as the Case requires, subject nevertheless (except with respect to such as exist under Acts of the Parliament of Great Britain or of the Parliament of the United Kingdom of Great Britain and Ireland) to be abolished or altered by the Parliament of Canada.(7)

Application of Provisions referring to Governor General in Council.

13. The Provisions of this Act referring to the Governor General in Council shall be construed as referring to the Governor General acting by and with the Advice of the Queen's Privy Council for Canada.

---

(7) See the notes to section 129, *infra*.

14. It shall be lawful for the Queen, if Her Majesty thinks fit, to authorize the Governor General from Time to Time to appoint any Person or any Persons jointly or severally to be his Deputy or Deputies within any Part or Parts of Canada, and in that Capacity to exercise during the Pleasure of the Governor General such of the Powers, Authorities, and Functions of the Governor General as the Governor General deems it necessary or expedient to assign to him or them, subject to any Limitations or Directions expressed or given by the Queen; but the Appointment of such a Deputy or Deputies shall not affect the Exercise by the Governor General himself of any Power, Authority or Function.

Power to Her Majesty to authorize Governor General to appoint Deputies.

15. The Command-in-Chief of the Land and Naval Militia, and of all Naval and Military Forces, of and in Canada, is hereby declared to continue and be vested in the Queen.

Command of armed Forces to continue to be vested in the Queen.

16. Until the Queen otherwise directs, the Seat of Government of Canada shall be Ottawa.

Seat of Government of Canada.

IV.—Legislative Power.

17. There shall be One Parliament for Canada, consisting of the Queen, an Upper House styled the Senate, and the House of Commons.

Constitution of Parliament of Canada.

18. The privileges, immunities, and powers to be held, enjoyed, and exercised by the Senate and by the House of Commons, and by the Members thereof respectively, shall be such as are from time to time defined by Act of the Parliament of Canada, but so that any Act of the Parliament of Canada defining such privileges, immunities, and powers shall not confer any privileges, immunities, or powers exceeding those at the passing of such Act held, enjoyed, and exercised by the Commons House of Parliament of the United Kingdom of Great Britain and Ireland, and by the Members thereof.(8)

Privileges, etc. of Houses.

---

(8) Repealed and re-enacted by the *Parliament of Canada Act, 1875*, 38-39 Vict., c. 38 (U.K.). The original section read as follows:

> **18.** The Privileges, Immunities, and Powers to be held, enjoyed, and exercised by the Senate and by the House of Commons and by the Members thereof respectively shall be such as are from Time to Time defined by Act of the Parliament of Canada, but so that the same shall never exceed those at the passing of this Act held, enjoyed, and exercised by the Commons House of Parliament of the United Kingdom of Great Britain and Ireland and by the Members thereof.

First Session of the Parliament of Canada.

19. The Parliament of Canada shall be called together not later than Six Months after the Union.(9)

20. Repealed.(10)

The Senate.

Number of Senators.

21. The Senate shall, subject to the Provisions of this Act, consist of One Hundred and four Members, who shall be styled Senators.(11)

Representation of Provinces in Senate.

22. In relation to the Constitution of the Senate Canada shall be deemed to consist of Four Divisions:–

1. Ontario;
2. Quebec;
3. The Maritime Provinces, Nova Scotia and New Brunswick, and Prince Edward Island;
4. The Western Provinces of Manitoba, British Columbia, Saskatchewan, and Alberta;

which Four Divisions shall (subject to the Provisions of this Act) be equally represented in the Senate as follows: Ontario by twenty-four senators; Quebec by twenty-four senators; the Maritime Provinces and Prince Edward Island by twenty-four senators, ten thereof representing Nova Scotia, ten

---

(9) Spent. The first session of the first Parliament began on November 6, 1867.

(10) Section 20, repealed by the Schedule to the *Constitution Act, 1982*, read as follows:

> **20.** There shall be a Session of the Parliament of Canada once at least in every Year, so that Twelve Months shall not intervene between the last Sitting of the Parliament in one Session and its first Sitting in the next Session.
>
> Section 20 has been replaced by section 5 of the *Constitution Act, 1982*, which provides that there shall be a sitting of Parliament at least once every twelve months.

(11) As amended by the *Constitution Act, 1915*, 5-6 Geo. V, c. 45 (U.K.) and modified by the *Newfoundland Act*, 12-13 Geo. VI, c. 22 (U.K.), and the *Constitution Act (No. 2), 1975*, S.C. 1974-75-76, c. 53.

The original section read as follows:

> **21.** The Senate shall, subject to the Provisions of this Act, consist of Seventy-two Members, who shall be styled Senators.

The *Manitoba Act, 1870*, added two for Manitoba; the *British Columbia Terms of Union* added three; upon admission of Prince Edward Island four more were provided by section 147 of the *Constitution Act, 1867*; the *Alberta Act* and the *Saskatchewan Act* each added four. The Senate was reconstituted at 96 by the *Constitution Act, 1915*. Six more Senators were added upon union with Newfoundland, and one Senator each was added for the Yukon Territory and the Northwest Territories by the *Constitution Act (No. 2), 1975*.

thereof representing New Brunswick, and four thereof representing Prince Edward Island; the Western Provinces by twenty-four senators, six thereof representing Manitoba, six thereof representing British Columbia, six thereof representing Saskatchewan, and six thereof representing Alberta; Newfoundland shall be entitled to be represented in the Senate by six members; the Yukon Territory and the Northwest Territories shall be entitled to be represented in the Senate by one member each.

In the Case of Quebec each of the Twenty-four Senators representing that Province shall be appointed for One of the Twenty-four Electoral Divisions of Lower Canada specified in Schedule A. to Chapter One of the Consolidated statutes of Canada. (12)

Qualifications of Senator.

23. The Qualification of a Senator shall be as follows:

(1) He shall be of the full age of Thirty Years:

(2) He shall be either a natural-born Subject of the Queen, or a Subject of the Queen naturalized by an Act of the Parliament of Great Britain, or of the Parliament of the United Kingdom of Great Britain and Ireland, or of the Legislature of One of the Provinces of Upper Canada, Lower Canada, Canada, Nova Scotia, or New Brunswick, before the Union, or of the Parliament of Canada, after the Union:

(3) He shall be legally or equitably seised as of Freehold for his own Use and Benefit of Lands or Tenements held in Free and Common Socage, or seised or possessed for his own Use and Benefit of Lands or Tenements held in Franc-alleu or in Roture, within

---

(12) As amended by the *Constitution Act, 1915*, the *Newfoundland Act*, 12-13 Geo. VI, c. 22 (U.K.), and the *Constitution Act (No. 2), 1975*, S.C. 1974-75-76, c. 53. The original section read as follows:

> **22.** In relation to the Constitution of the Senate, Canada shall be deemed to consist of Three Divisions:
>
> 1. Ontario;
>
> 2. Quebec;
>
> 3. The Maritime Provinces, Nova Scotia and New Brunswick;
>
> which Three Divisions shall (subject to the Provisions of this Act) be equally represented in the Senate as follows: Ontario by Twenty-four Senators; Quebec by Twenty-four Senators; and the Maritime Provinces by Twenty-four Senators, Twelve thereof representing Nova Scotia, and Twelve thereof representing New Brunswick.
>
> In the case of Quebec each of the Twenty-four Senators representing that Province shall be appointed for One of the Twenty-four Electoral Divisions of Lower Canada specified in Schedule A. to Chapter One of the Consolidated Statutes of Canada.

the Province for which he is appointed, of the Value of Four thousand Dollars, over and above all Rents, Dues, Debts, Charges, Mortgages, and Incumbrances due or payable out of or charged on or affecting the same:

(4) His Real and Personal Property shall be together worth Four thousand Dollars over and above his Debts and Liabilities:

(5) He shall be resident in the Province for which he is appointed:

(6) In the Case of Quebec he shall have his Real Property Qualification in the Electoral Division for which he is appointed, or shall be resident in that Division. (13)

Summons of Senator.

24. The Governor General shall from Time to Time, in the Queen's Name, by Instrument under the Great Seal of Canada, summon qualified Persons to the Senate; and, subject to the Provisions of this Act, every Person so summoned shall become and be a Member of the Senate and a Senator.

25. Repealed. (14)

Addition of Senators in certain cases.

26. If at any Time on the Recommendation of the Governor General the Queen thinks fit to direct that Four or Eight Members be added to the Senate, the Governor General may by Summons to Four or Eight qualified Persons (as the Case may be), representing equally the Four Divisions of Canada, add to the Senate accordingly.(15)

---

(13) Section 2 of the *Constitution Act (No. 2), 1975*, S.C. 1974-75-76, c. 53 provided that for the purposes of that Act (which added one Senator each for the Yukon Territory and the Northwest Territories) the term "Province" in section 23 of the *Constitution Act, 1867*, has the same meaning as is assigned to the term "province" by section 28 of the *Interpretation Act*, R.S.C. 1970, c. I-23, which provides that the term "province" means "a province of Canada, and includes the Yukon Territory and the Northwest Territories."

(14) Repealed by the *Statute Law Revision Act, 1893*, 56-57 Vict., 14 (U.K.). The section read as follows:

> **25.** Such Persons shall be first summoned to the Senate as the Queen by Warrant under Her Majesty's Royal Sign Manual thinks fit to approve, and their Names shall be inserted in the Queen's Proclamation of Union.

(15) As amended by the *Constitution Act, 1915*, 5-6 Geo. V, c. 45 (U.K.). The original section read as follows:

> **26.** If at any Time on the Recommendation of the Governor General the Queen thinks fit to direct that Three or Six Members be added to the Senate, the Governor General may by Summons to Three or Six qualified Persons (as the Case may be), representing equally the Three Divisions of Canada, add to the Senate accordingly.

Reduction of Senate to normal Number.

27. In case of such Addition being at any Time made, the Governor General shall not summon any Person to the Senate, except upon a further like Direction by the Queen on the like Recommendation, to represent one of the Four Divisions until such Division is represented by Twenty-four Senators and no more.(16)

Maximum Number of Senators.

28. The Number of Senators shall not at any Time exceed One Hundred and twelve. (17)

Tenure of Place in Senate.

29. (1) Subject to subsection (2), a Senator shall, subject to the provisions of this Act, hold his place in the Senate for life.

Retirement upon attaining age of seventy-five years.

(2) A Senator who is summoned to the Senate after the coming into force of this subsection shall, subject to this Act, hold his place in the Senate until he attains the age of seventy-five years. (18)

Resignation of Place in Senate.

30. A Senator may by Writing under his Hand addressed to the Governor General resign his Place in the Senate, and thereupon the same shall be vacant.

Disqualification of Senators.

31. The Place of a Senator shall become vacant in any of the following Cases:

(1) If for Two consecutive Sessions of the Parliament he fails to give his Attendance in the Senate:

(2) If he takes an Oath or makes a Declaration or Acknowledgement of Allegiance, Obedience, or Adherence to a Foreign Power, or does an Act whereby he becomes a Subject or Citizen, or entitled to the

---

(16) As amended by the *Constitution Act, 1915*, 5-6 Geo. V, c. 45 (U.K.). The original section read as follows:

> **27.** In case of such Addition being at any Time made the Governor General shall not summon any Person to the Senate except on a further like Direction by the Queen on the like Recommendation, until each of the Three Divisions of Canada is represented by Twenty-four Senators and no more.

(17) As amended by the *Constitution Act, 1915*, 5-6 Geo. V, c. 45 (U.K.), and the *Constitution Act (No. 2), 1975*, S.C. 1974-75-76, c. 53. The original section read as follows:

> **28.** The Number of Senators shall not at any Time exceed Seventy-eight.

(18) As enacted by the *Constitution Act, 1965*, Statutes of Canada, 1965, c. 4 which came into force on the 1st of June 1965. The original section read as follows:

> **29.** A Senator shall, subject to the Provisions of this Act, hold his Place in the Senate for Life.

Rights or Privileges of a Subject or Citizen, of a Foreign Power.

(3) If he is adjudged Bankrupt or Insolvent, or applies for the Benefit of any Law relating to Insolvent Debtors, or becomes a public Defaulter:

(4) If he is attainted of Treason or convicted of Felony or of any infamous Crime:

(5) If he ceases to be qualified in respect of Property or of Residence; provided, that a Senator shall not be deemed to have ceased to be qualified in respect of Residence by reason only of his residing at the Seat of the Government of Canada while holding an Office under that Government requiring his Presence there.

Summons on Vacancy in Senate.

32. When a Vacancy happens in the Senate by Resignation, Death or otherwise, the Governor General shall by Summons to a fit and qualified Person fill the Vacancy.

Questions as to Qualifications and Vacancies in Senate.

33. If any Question arises respecting the Qualification of a Senator or a Vacancy in the Senate the same shall be heard and determined by the Senate.

Appointment of Speaker of Senate.

34. The Governor General may from Time to Time, by Instrument under the Great Seal of Canada, appoint a Senator to be Speaker of the Senate, and may remove him and appoint another in his Stead. (19)

Quorum of Senate.

35. Until the Parliament of Canada otherwise provides, the Presence of at least Fifteen Senators, including the Speaker, shall be necessary to constitute a Meeting of the Senate for the Exercise of its Powers.

Voting in Senate.

36. Questions arising in the Senate shall be decided by a Majority of Voices, and the Speaker shall in all Cases have a Vote, and when the Voices are equal the Decision shall be deemed to be in the Negative.

---

(19) Provision for exercising the functions of Speaker during his absence is made by the *Speaker of the Senate Act*, R.S.C. 1970, c. S-14. Doubts as to the power of Parliament to enact such an Act were removed by the *Canadian Speaker (Appointment of Deputy) Act, 1895*, 59 Vict., c. 3 (U.K.) which was repealed by the *Constitution Act, 1982*.

The House of Commons.

Constitution of House of Commons in Canada.

37. The House of Commons shall, subject to the Provisions of this Act, consist of two hundred and eighty-two members of whom ninety-five shall be elected for Ontario, seventy-five for Quebec, eleven for Nova Scotia, ten for New Brunswick, fourteen for Manitoba, twenty-eight for British Columbia, four for Prince Edward Island, twenty-one for Alberta, fourteen for Saskatchewan, seven for Newfoundland, one for the Yukon Territory and two for the Northwest Territories.(20)

Summoning of House of Commons.

38. The Governor General shall from Time to Time, in the Queen's Name, by Instrument under the Great Seal of Canada, summon and call together the House of Commons.

Senators not to sit in House of Commons.

39. A Senator shall not be capable of being elected or of sitting or voting as a Member of the House of Commons.

Electoral districts of the four Provinces

40. Until the Parliament of Canada otherwise provides, Ontario, Quebec, Nova Scotia and New Brunswick shall, for the Purposes of the Election of Members to serve in the House of Commons, be divided into Electoral districts as follows:

1.—ONTARIO.

Ontario shall be divided into the Counties, Ridings of Counties, Cities, Parts of Cities, and Towns enumerated in the First Schedule to this Act, each whereof shall be an Electoral District, each such District as numbered in that Schedule being entitled to return One Member.

2.—QUEBEC.

Quebec shall be divided into Sixty-five Electoral Districts, composed of the Sixty-five Electoral Divisions into which Lower Canada is at the passing of this Act divided under

---

(20) The figures given here result from the application of section 51, as enacted by the *Constitution Act, 1974*, S.C. 1974-75-76, c. 13, amended by the *Constitution Act (No. 1), 1975*, S.C. 1974-75-76, c. 28 and readjusted pursuant to the *Electoral Boundaries Readjustment Act*, R.S.C., 1970, c. E-2. The original section (which was altered from time to time as the result of the addition of new provinces and changes in population) read as follows:

> **37.** The House of Commons shall, subject to the Provisions of this Act, consist of one hundred and eighty-one members, of whom Eighty-two shall be elected for Ontario, Sixty-five for Quebec, Nineteen for Nova Scotia, and Fifteen for New Brunswick.

Chapter Two of the Consolidated Statutes of Canada, Chapter Seventy-five of the Consolidated Statutes for Lower Canada, and the Act of the Province of Canada of the Twenty-third Year of the Queen, Chapter One, or any other Act amending the same in force at the Union, so that each such Electoral Division shall be for the Purposes of this Act an Electoral District entitled to return One Member.

3.—NOVA SCOTIA.

Each of the Eighteen Counties of Nova Scotia shall be an Electoral District. The County of Halifax shall be entitled to return Two Members, and each of the other Counties One Member.

4.—NEW BRUNSWICK.

Each of the Fourteen Counties into which New Brunswick is divided, including the City and County of St. John, shall be an Electoral District. The City of St. John shall also be a separate Electoral District. Each of those Fifteen Electoral Districts shall be entitled to return One Member.(21)

Continuance of existing Election Laws until Parliament of Canada otherwise provides

41. Until the Parliament of Canada otherwise provides, all Laws in force in the several Provinces at the Union relative to the following Matters or any of them, namely,—the Qualifications and Disqualifications of Persons to be elected or to sit or vote as Members of the House of Assembly or Legislative Assembly in the several Provinces, the Voters at Elections of such Members, the Oaths to be taken by Voters, the Returning Officers, their Powers and Duties, the Proceedings at Elections, the Periods during which Elections may be continued, the Trial of controverted Elections, and Proceedings incident thereto, the vacating of Seats of Members, and the Execution of new Writs in case of Seats vacated otherwise than by Dissolution,—shall respectively apply to Elections of Members to serve in the House of Commons for the same several Provinces.

Provided that, until the Parliament of Canada otherwise provides, at any Election for a Member of the House of

---

(21) Spent. The electoral districts are now established by Proclamations issued from time to time under the *Electoral Boundaries Readjustment Act*, R.S.C., 1970, c. E-2, as amended for particular districts by Acts of Parliament, for which see the most recent Table of Public Statutes.

Commons for the District of Algoma, in addition to Persons qualified by the Law of the Province of Canada to vote, every Male British Subject, aged Twenty-one Years or upwards, being a Householder, shall have a Vote.(22)

42. Repealed.(23)

43. Repealed.(24)

As to Election of Speaker of House of Commons.

44. The House of Commons on its first assembling after a General Election shall proceed with all practicable Speed to elect One of its Members to be Speaker.

As to filling up Vacancy in Office of Speaker.

45. In case of a Vacancy happening in the Office of Speaker by Death, Resignation, or otherwise, the House of Commons shall with all practicable Speed proceed to elect another of its Members to be Speaker.

Speaker to preside.

46. The Speaker shall preside at all Meetings of the House of Commons.

Provision in case of Absence of Speaker.

47. Until the Parliament of Canada otherwise provides, in case of the Absence for any Reason of the Speaker from the Chair of the House of Commons for a Period of Forty-eight consecutive Hours, the House may elect another of its Mem-

---

(22) Spent. Elections are now provided for by the *Canada Elections Act*, R.S.C. 1970 (1st Supp.), c. 14; controverted elections by the *Dominion Controverted Elections Act*, R.S.C. 1970, c. C-28; qualifications and disqualifications of members by the *House of Commons Act*, R.S.C. 1970, c. H-9 and the *Senate and House of Commons Act*, R.S.C. 1970, c. S-8. The right of citizens to vote and hold office is provided for in section 3 of the *Constitution Act, 1982*.

(23) Repealed by the *Statute Law Revision Act, 1893*, 56-57 Vict., c. 14 (U.K.). The section read as follows:

> **42.** For the First Election of Members to serve in the House of Commons the Governor General shall cause Writs to be issued by such Person, in such Form, and addressed to such Returning Officers as he thinks fit.
>
> The Person issuing Writs under this Section shall have the like Powers as are possessed at the Union by the Officers charged with the issuing of Writs for the Election of Members to serve in the respective House of Assembly or Legislative Assembly of the Province of Canada, Nova Scotia, or New Brunswick; and the Returning Officers to whom Writs are directed under this Section shall have the like Powers as are possessed at the Union by the Officers charged with the returning of Writs for the Election of Members to serve in the same respective House of Assembly or Legislative Assembly.

(24) Repealed by the *Statute Law Revision Act, 1893*, 56-57 Vict., c. 14 (U.K.). The section read as follows:

> **43.** In case a Vacancy in the Representation in the House of Commons of any Electoral District happens before the Meeting of the Parliament, or after the Meeting of the Parliament before Provision is made by the Parliament in this Behalf, the Provisions of the last foregoing Section of this Act shall extend and apply to the issuing and returning of a Writ in respect of such vacant District.

bers to act as Speaker, and the Member so elected shall during the Continuance of such Absence of the Speaker have and execute all the Powers, Privileges, and Duties of Speaker.(25)

Quorum of House of Commons.

48. The Presence of at least Twenty Members of the House of Commons shall be necessary to constitute a Meeting of the House for the Exercise of its Powers, and for that Purpose the Speaker shall be reckoned as a Member.

Voting in House of Commons.

49. Questions arising in the House of Commons shall be decided by a Majority of Voices other than that of the Speaker, and when the Voices are equal, but not otherwise, the Speaker shall have a Vote.

Duration of House of Commons.

50. Every House of Commons shall continue for Five Years from the Day of the Return of the Writs for choosing the House (subject to be sooner dissolved by the Governor General), and no longer.(26)

Readjustment of representation in Commons.

51. (1) The number of members of the House of Commons and the representation of the provinces therein shall upon the coming into force of this subsection and thereafter on the completion of each decennial census be readjusted by such authority, in such manner, and from such time as the Parliament of Canada from time to time provides, subject and according to the following Rules:

Rules.

1. There shall be assigned to Quebec seventy-five members in the readjustment following the completion of the decennial census taken in the year 1971, and thereafter four additional members in each subsequent readjustment.

2. Subject to Rules 5(2) and (3), there shall be assigned to a large province a number of members equal to the number obtained by dividing the population of the large province by the electoral quotient of Quebec.

---

(25) Provision for exercising the functions of Speaker during his absence is now made by the *Speaker of the House of Commons Act*, R.S.C. 1970, c. S-13.

(26) The term of the twelfth Parliament was extended by the *British North America Act, 1916*, 6-7 Geo. V, c. 19 (U.K.), which Act was repealed by the *Statute Law Revision Act, 1927*, 17-18 Geo. V, c. 42 (U.K.). See also subsection 4(1) of the *Constitution Act, 1982*, which provides that no House of Commons shall continue for longer than five years from the date fixed for the return of the writs at a general election of its members, and subsecion 4(2) thereof, which provides for continuation of the House of Commons in special circumstances.

3. Subject to Rules 5(2) and (3), there shall be assigned to a small province a number of members equal to the number obtained by dividing

(*a*) the sum of the populations, determined according to the results of the penultimate decennial census, of the provinces (other than Quebec) having populations of less than one and a half million, determined according to the results of that census, by the sum of the numbers of members assigned to those provinces in the readjustment following the completion of that census; and

(*b*) the population of the small province by the quotient obtained under paragraph (*a*).

4. Subject to Rules 5(1)(*a*), (2) and (3), there shall be assigned to an intermediate province a number of members equal to the number obtained

(*a*) by dividing the sum of the populations of the provinces (other than Quebec) having populations of less than one and a half million by the sum of the number of members assigned to those provinces under any of Rules 3, 5(1)(*b*), (2) and (3);

(*b*) by dividing the population of the intermediate province by the quotient obtained under paragraph (*a*); and

(*c*) by adding to the number of members assigned to the intermediate province in the readjustment following the completion of the penultimate decennial census one-half of the difference resulting from the subtraction of that number from the quotient obtained under paragraph (*b*).

5. (1) On any readjustment,

(*a*) if no province (other than Quebec) has a population of less than one and a half million, Rule 4 shall not be applied and, subject to Rules 5(2) and (3), there shall be assigned to an intermediate province a number of members equal to the number obtained by dividing

(i) the sum of the populations, determined according to the results of the penultimate decennial census, of the provinces (other than Quebec)

having populations of not less than one and a half million and not more than two and a half million, determined according to the results of that census, by the sum of the numbers of members assigned to those provinces in the readjustment following the completion of that census, and

(ii) the population of the intermediate province by the quotient obtained under subparagraph (i);

(*b*) if a province (other than Quebec) having a population of

(i) less than one and a half million, or

(ii) not less than one and a half million and not more than two and a half million

does not have a population greater than its population determined according to the results of the penultimate decennial census, it shall, subject to Rules 5(2) and (3), be assigned the number of members assigned to it in the readjustment following the completion of that census.

(2) On any readjustment,

(*a*) if, under any of Rules 2 to 5(1), the number of members to be assigned to a province (in this paragraph referred to as "the first province") is smaller than the number of members to be assigned to any other province not having a population greater than that of the first province, those Rules shall not be applied to the first province and it shall be assigned a number of members equal to the largest number of members to be assigned to any other province not having a population greater than that of the first province;

(*b*) if, under any of Rules 2 to 5(1)(*a*), the number of members to bc assigned to a province is smaller than the number of members assigned to it in the readjustment following the completion of the penultimate decennial census, those Rules shall not be applied to it and it shall be assigned the latter number of members;

(*c*) if both paragraphs (*a*) and (*b*) apply to a province, it shall be assigned a number of members equal to the greater of the numbers produced under those paragraphs.

(3) On any readjustment,

(*a*) if the electoral quotient of a province (in this paragraph referred to as "the first province") obtained by dividing its population by the number of members to be assigned to it under any of Rules 2 to 5(2) is greater than the electoral quotient of Quebec, those Rules shall not be applied to the first province and it shall be assigned a number of members equal to the number obtained by dividing its population by the electoral quotient of Quebec;

(*b*) if, as a result of the application of Rule 6(2)(*a*), the number of members assigned to a province under paragraph (*a*) equals the number of members to be assigned to it under any of Rules 2 to 5(2), it shall be assigned that number of members and paragraph (*a*) shall cease to apply to that province.

6. (1) In these Rules,

"electoral quotient" means, in respect of a province, the quotient obtained by dividing its population, determined according to the results of the then most recent decennial census, by the number of members to be assigned to it under any of Rules 1 to 5(3) in the readjustment following the completion of that census;

"intermediate province" means a province (other than Quebec) having a population greater than its population determined according to the results of the penultimate decennial census but not more than two and a half million and not less than one and a half million;

"large province" means a province (other than Quebec) having a population greater than two and a half million;

"penultimate decennial census" means the decennial census that preceded the then most recent decennial census;

"population" means, except where otherwise specified, the population determined according to the results of the then most recent decennial census;

"small province" means a province (other than Quebec) having a population greater than its population determined according to the results of the penultimate decennial census and less than one and a half million.

(2) For the purposes of these Rules,

(*a*) if any fraction less than one remains upon completion of the final calculation that produces the number of members to be assigned to a province, that number of members shall equal the number so produced disregarding the fraction;

(*b*) if more than one readjustment follows the completion of a decennial census, the most recent of those readjustments shall, upon taking effect, be deemed to be the only readjustment following the completion of that census;

(*c*) a readjustment shall not take effect until the termination of the then existing Parliament.(27)

---

(27) As enacted by the *Constitution Act, 1974*, S.C. 1974-75-76, c. 13, which came into force on December 31, 1974. The section, as originally enacted, read as follows:

> **51.** On the Completion of the Census in the Year One Thousand eight hundred and seventy-one, and of each subsequent decennial Census, the Representation of the Four Provinces shall be readjusted by such Authority, in such Manner, and from such Time, as the Parliament of Canada from Time to Time provides, subject and according to the following Rules:
>
> (1) Quebec shall have the fixed Number of Sixty-five Members:
>
> (2) There shall be assigned to each of the other Provinces such a Number of Members as will bear the same Proportion to the Number of its Population (ascertained at such Census) as the Number Sixty-five bears to the Number of the Population of Quebec (so ascertained):
>
> (3) In the Computation of the Number of Members for a Province a fractional Part not exceeding One Half of the whole Number requisite for entitling the Province to a Member shall be disregarded; but a fractional Part exceeding One Half of that Number shall be equivalent to the whole Number:
>
> (4) On any such Re-adjustment the Number of Members for a Province shall not be reduced unless the Proportion which the Number of the Population of the Province bore to the Number of the aggregate Population of Canada at the then last preceding Re-adjustment of the Number of Members for the Province is ascertained at the then latest Census to be diminished by One Twentieth Part or upwards:
>
> (5) Such Re-adjustment shall not take effect until the Termination of the then existing Parliament.

The section was amended by the *Statute Law Revision Act, 1893*, 56-57 Vict., c. 14 (U.K.) by repealing the words from "of the census" to "seventy-one and" and the word "subsequent".

By the *British North America Act, 1943*, 6-7 Geo. VI, c. 30 (U.K.), which Act was repealed by the *Constitution Act, 1982*, redistribution of seats following the 1941 census was postponed until the first session of Parliament after the war. The section was re-enacted by the *British North America Act, 1946*, 9-10 Geo. VI, c. 63 (U.K.), which Act was also repealed by the *Constitution Act, 1982*, to read as follows:

> **51.** (1) The number of members of the House of Commons shall be two hundred and fifty-five and the representation of the provinces therein shall forthwith upon the coming into force of this section and thereafter on the completion of each decennial census be readjusted by such authority, in such manner, and from such time as the

Parliament of Canada from time to time provides, subject and according to the following rules:

(1) Subject as hereinafter provided, there shall be assigned to each of the provinces a number of members computed by dividing the total population of the provinces by two hundred and fifty-four and by dividing the population of each province by the quotient so obtained, disregarding, except as hereinafter in this section provided, the remainder, if any, after the said process of division.

(2) If the total number of members assigned to all the provinces pursuant to rule one is less than two hundred and fifty-four, additional members shall be assigned to the provinces (one to a province) having remainders in the computation under rule one commencing with the province having the largest remainder and continuing with the other provinces in the order of the magnitude of their respective remainders until the total number of members assigned is two hundred and fifty-four.

(3) Notwithstanding anything in this section, if upon completion of a computation under rules one and two, the number of members to be assigned to a province is less than the number of senators representing the said province, rules one and two shall cease to apply in respect of the said province, and there shall be assigned to the said province a number of members equal to the said number of senators.

(4) In the event that rules one and two cease to apply in respect of a province then, for the purpose of computing the number of members to be assigned to the provinces in respect of which rules one and two continue to apply, the total population of the provinces shall be reduced by the number of the population of the province in respect of which rules one and two have ceased to apply and the number two hundred and fifty-four shall be reduced by the number of members assigned to such province pursuant to rule three.

(5) Such readjustment shall not take effect until the termination of the then existing Parliament.

(2) The Yukon Territory as constituted by Chapter forty-one of the Statutes of Canada, 1901, together with any Part of Canada not comprised within a province which may from time to time be included therein by the Parliament of Canada for the purposes of representation in Parliament, shall be entitled to one member.

The section was re-enacted by the *British North America Act, 1952*, S.C. 1952, c. 15, which Act was also repealed by the *Constitution Act, 1982*, as follows:

51. (1) Subject as hereinafter provided, the number of members of the House of Commons shall be two hundred and sixty-three and the representation of the provinces therein shall forthwith upon the coming into force of this section and thereafter on the completion of each decennial census be readjusted by such authority, in such manner, and from such time as the Parliament of Canada from time to time provides, subject and according to the following rules:

1. There shall be assigned to each of the provinces a number of members computed by dividing the total population of the provinces by two hundred and sixty-one and by dividing the population of each province by the quotient so obtained, disregarding, except as hereinafter in this section provided, the remainder, if any, after the said process of division.

2. If the total number of members assigned to all the provinces pursuant to rule one is less than two hundred and sixty-one, additional members shall be assigned to the provinces (one to a province) having remainders in the computation under rule one commencing with the province having the largest remainder and continuing with the other provinces in the order of the magnitude of their respective remainders until the total number of members assigned is two hundred and sixty-one.

3. Notwithstanding anything in this section, if upon completion of a computation under rules one and two the number of members to be assigned to a province is less than the number of senators representing the said province, rules one and two shall cease to apply in respect of the said province, and there shall be assigned to the said province a number of members equal to the said number of senators.

4. In the event that rules one and two cease to apply in respect of a province then, for the purposes of computing the number of members to be assigned to the provinces in respect of which rules one and two continue to apply, the total population of the provinces shall be reduced by the number of the population of the province in respect of which rules one and two have ceased

Yukon Territory and Northwest Territories.

(2) The Yukon Territory as bounded and described in the schedule to chapter Y-2 of the Revised Statutes of Canada, 1970, shall be entitled to one member, and the Northwest Territories as bounded and described in section 2 of chapter N-22 of the Revised Statutes of Canada, 1970, shall be entitled to two members.(28)

Constitution of House of Commons.

51A. Notwithstanding anything in this Act a province shall always be entitled to a number of members in the House of Commons not less than the number of senators representing such province.(29)

Increase of Number of House of Commons.

52. The Number of Members of the House of Commons may be from Time to Time increased by the Parliament of Canada, provided the proportionate Representation of the Provinces prescribed by this Act is not thereby disturbed.

Money Votes; Royal Assent

Appropriation and Tax Bills.

53. Bills for appropriating any Part of the Public Revenue, or for imposing any Tax or Impost, shall originate in the House of Commons.

Recommendation of Money Votes.

54. It shall not be lawful for the House of Commons to adopt or pass any Vote, Resolution, Address, or Bill for the

---

to apply and the number two hundred and sixty-one shall be reduced by the number of members assigned to such province pursuant to rule three.

5. On any such readjustment the number of members for any province shall not be reduced by more than fifteen per cent below the representation to which such province was entitled under rules one to four of this subsection at the last preceding readjustment of the representation of that province, and there shall be no reduction in the representation of any province as a result of which that province would have a smaller number of members than any other province that according to the results of the then last decennial census did not have a larger population; but for the purposes of any subsequent readjustment of representation under this section any increase in the number of members of the House of Commons resulting from the application of this rule shall not be included in the divisor mentioned in rules one to four of this subsection.

readjustment of representation under this section any increase in the number of members of the House of Commons resulting from the application of this rule shall not be included in the divisor mentioned in rules one to four of this subsection.

6. Such readjustment shall not take effect until the termination of the then existing Parliament.

(2) The Yukon Territory as constituted by chapter forty-one of the statutes of Canada, 1901, shall be entitled to one member, and such other part of Canada not comprised within a province as may from time to time be defined by the Parliament of Canada shall be entitled to one member.

(28) As enacted by the *Constitution Act (No. 1), 1975*, S.C. 1974-75-76, c. 28.

(29) As enacted by the *Constitution Act, 1915*, 5-6 Geo. V, c. 45 (U.K.)

Appropriation of any Part of the Public Revenue, or of any Tax or Impost, to any Purpose that has not been first recommended to that House by Message of the Governor General in the Session in which such Vote, Resolution, Address, or Bill is proposed.

Royal Assent to Bills, etc.

55. Where a Bill passed by the Houses of the Parliament is presented to the Governor General for the Queen's Assent, he shall declare, according to his Discretion, but subject to the Provisions of this Act and to Her Majesty's Instructions, either that he assents thereto in the Queen's Name, or that he withholds the Queen's Assent, or that he reserves the Bill for the Signification of the Queen's Pleasure.

Disallowance by Order in Council of Act assented to by Governor General.

56. Where the Governor General assents to a Bill in the Queen's Name, he shall by the first convenient Opportunity send an authentic Copy of the Act to one of Her Majesty's Principal Secretaries of State, and if the Queen in Council within Two Years after Receipt thereof by the Secretary of State thinks fit to disallow the Act, such Disallowance (with a Certificate of the Secretary of State of the Day on which the Act was received by him) being signified by the Governor General, by Speech or Message to each of the Houses of the Parliament or by Proclamation, shall annul the Act from and after the Day of such Signification.

Signification of Queen's Pleasure on Bill reserved.

57. A Bill reserved for the Signification of the Queen's Pleasure shall not have any Force unless and until, within Two Years from the Day on which it was presented to the Governor General for the Queen's Assent, the Governor General signifies, by Speech or Message to each of the Houses of the Parliament or by Proclamation, that it has received the Assent of the Queen in Council.

An Entry of every such Speech, Message, or Proclamation shall be made in the Journal of each House, and a Duplicate thereof duly attested shall be delivered to the proper Officer to be kept among the Records of Canada.

V.—Provincial Constitutions.

Executive Power.

Appointment of Lieutenant Governors of Provinces.

58. For each Province there shall be an Officer, styled the Lieutenant Governor, appointed by the Governor General in Council by Instrument under the Great Seal of Canada.

Tenure of Office of Lieutenant Governor.

59. A Lieutenant Governor shall hold Office during the Pleasure of the Governor General; but any Lieutenant Governor appointed after the Commencement of the First Session of the Parliament of Canada shall not be removeable within Five Years from his Appointment, except for Cause assigned, which shall be communicated to him in Writing within One Month after the Order for his Removal is made, and shall be communicated by Message to the Senate and to the House of Commons within One Week thereafter if the Parliament is then sitting, and if not then within One Week after the Commencement of the next Session of the Parliament.

Salaries of Lieutenant Governors.

60. The Salaries of the Lieutenant Governors shall be fixed and provided by the Parliament of Canada. (30)

Oaths, etc., of Lieutenant Governor.

61. Every Lieutenant Governor shall, before assuming the Duties of his Office, make and subscribe before the Governor General or some Person authorized by him Oaths of Allegiance and Office similar to those taken by the Governor General.

Application of provisions referring to Lieutenant Governor.

62. The Provisions of this Act referring to the Lieutenant Governor extend and apply to the Lieutenant Governor for the Time being of each Province, or other the Chief Executive Officer or Administrator for the Time being carrying on the Government of the Province, by whatever Title he is designated.

Appointment of Executive Officers for Ontario and Quebec.

63. The Executive Council of Ontario and of Quebec shall be composed of such Persons as the Lieutenant Governor from Time to Time thinks fit, and in the first instance of the following Officers, namely, — the Attorney General, the Secretary and Registrar of the Province, the Treasurer of the Province, the Commissioner of Crown Lands, and the Commissioner of Agriculture and Public Works, with in Quebec, the Speaker of the Legislative Council and the Solicitor General. (31)

Executive Government of Nova Scotia and New Brunswick.

64. The Constitution of the Executive Authority in each of the Provinces of Nova Scotia and New Brunswick shall,

---

(30) Provided for by the *Salaries Act*, R.S.C. 1970, c. S-2.

(31) Now provided for in Ontario by the *Executive Council Act*, R.S.O. 1980, c. 147, and in Quebec by the *Executive Power Act*, R.S.Q. 1977, c. E-18.

subject to the Provisions of this Act, continue as it exists at the Union until altered under the Authority of this Act. (32)

Powers to be exercised by Lieutenant Governor of Ontario or Quebec with Advice, or alone.

65. All Powers, Authorities, and Functions which under any Act of the Parliament of Great Britain, or of the Parliament of the United Kingdom of Great Britain and Ireland, or of the Legislature of Upper Canada, Lower Canada, or Canada, were or are before or at the Union vested in or exerciseable by the respective Governors or Lieutenant Governors of those Provinces, with the Advice or with the Advice and Consent of the respective Executive Councils thereof, or in conjunction with those Councils, or with any Number of Members thereof, or by those Governors or Lieutenant Governors individually, shall, as far as the same are capable of being exercised after the Union in relation to the Government of Ontario and Quebec respectively, be vested in and shall or may be exercised by the Lieutenant Governor of Ontario and Quebec respectively, with the Advice or with the Advice and consent of or in conjunction with the respective Executive Councils, or any Members thereof, or by the Lieutenant Governor individually, as the Case requires, subject nevertheless (except with respect to such as exist under Acts of the Parliament of Great Britain, or of the Parliament of the United Kingdom of Great Britain and Ireland,) to be abolished or altered by the respective Legislatures of Ontario and Quebec. (33)

Application of Provisions referring to Lieutenant Governor in Council.

66. The Provisions of this Act referring to the Lieutenant Governor in Council shall be construed as referring to the Lieutenant Governor of the Province acting by and with the Advice of the Executive Council thereof.

Administration in Absence, etc., of Lieutenant Governor.

67. The Governor General in Council may from Time to Time appoint an Administrator to execute the office and Functions of Lieutenant Governor during his Absence, Illness, or other Inability.

Seats of Provincial Governments.

68. Unless and until the Executive Government of any Province otherwise directs with respect to that Province, the

---

(32) A similar provision was included in each of the instruments admitting British Columbia, Prince Edward Island, and Newfoundland. The Executive Authorities for Manitoba, Alberta and Saskatchewan were established by the statutes creating those provinces. See the notes to section 5, *supra*.

(33) See the notes to section 129, *infra*.

Seats of Government of the Provinces shall be as follows, namely, — of Ontario, the City of Toronto; of Quebec, the City of Quebec; of Nova Scotia, the City of Halifax; and of New Brunswick, the City of Fredericton.

Legislative Power.

1.—ONTARIO.

Legislature for Ontario.

69. There shall be a Legislature for Ontario consisting of the Lieutenant Governor and of One House, styled the Legislative Assembly of Ontario.

Electoral districts.

70. The Legislative Assembly of Ontario shall be composed of Eighty-two Members, to be elected to represent the Eighty-two Electoral Districts set forth in the First Schedule to this Act. (34)

2.—QUEBEC

Legislature for Quebec.

71. There shall be a Legislature for Quebec consisting of the Lieutenant Governor and of Two Houses, styled the Legislative Council of Quebec and the Legislative Assembly of Quebec. (35)

Constitution of Legislative Council.

72. The Legislative Council of Quebec shall be composed of Twenty-four Members, to be appointed by the Lieutenant Governor, in the Queen's Name, by Instrument under the Great Seal of Quebec, One being appointed to represent each of the Twenty-four Electoral Divisions of Lower Canada in this Act referred to, and each holding Office for the Term of his Life, unless the Legislature of Quebec otherwise provides under the Provisions of this Act.

Qualification of Legislative Councillors.

73. The Qualifications of the Legislative Councillors of Quebec shall be the same as those of the Senators for Quebec.

Resignation, Disqualification etc.

74. The Place of a Legislative Councillor of Quebec shall become vacant in the Cases, *mutatis mutandis*, in which the Place of Senator becomes vacant.

---

(34) Spent. Now covered by the *Representation Act*, R.S.O. 1980, c. 450.

(35) The Act respecting the Legislative Council of Quebec, S.Q. 1968, c. 9, provided that the Legislature for Quebec shall consist of the Lieutenant Governor and the National Assembly of Quebec, and repealed the provisions of the *Legislature Act*, R.S.Q. 1964, c. 6, relating to the Legislative Council of Quebec. Sections 72 to 79 following are therefore completely spent.

75. When a Vacancy happens in the Legislative Council of Quebec by Resignation, Death, or otherwise, the Lieutenant Governor, in the Queen's Name, by Instrument under the Great Seal of Quebec, shall appoint a fit and qualified Person to fill the Vacancy.

Vacancies.

76. If any Question arises respecting the Qualification of a Legislative Councillor of Quebec, or a Vacancy in the Legislative Council of Quebec, the same shall be heard and determined by the Legislative Council.

Questions as to Vacancies, etc.

77. The Lieutenant Governor may from Time to Time, by Instrument under the Great Seal of Quebec, appoint a Member of the Legislative Council of Quebec to be Speaker thereof, and may remove him and appoint another in his Stead.

Speaker of Legislative Council.

78. Until the Legislature of Quebec otherwise provides, the Presence of at least Ten Members of the Legislative Council, including the Speaker, shall be necessary to constitute a Meeting for the Exercise of its Powers.

Quorum of Legislative Council.

79. Questions arising in the Legislative Council of Quebec shall be decided by a Majority of Voices, and the Speaker shall in all Cases have a Vote, and when the Voices are equal the Decision shall be deemed to be in the Negative.

Voting in Legislative Council.

80. The Legislative Assembly of Quebec shall be composed of Sixty-five Members, to be elected to represent the Sixty-five Electoral Divisions or Districts of Lower Canada in this Act referred to, subject to Alteration thereof by the Legislature of Quebec: Provided that it shall not be lawful to present to the Lieutenant Governor of Quebec for Assent any Bill for altering the Limits of any of the Electoral Divisions or Districts mentioned in the Second Schedule to this Act, unless the Second and Third Readings of such Bill have been passed in the Legislative Assembly with the Concurrence of the Majority of the Members representing all those Electoral Divisions or Districts, and the Assent shall not be given to such Bill unless an Address has been presented by the Legislative Assembly to the Lieutenant Governor stating that it has been so passed. (36)

Constitution of Legislative Assembly of Quebec.

---

(36) The Act respecting electoral districts, S.Q. 1970, c. 7, s. 1, provides that this section no longer has effect.

3.—ONTARIO AND QUEBEC

81. Repealed. (37)

Summoning of Legislative Assemblies.

82. The Lieutenant Governor of Ontario and of Quebec shall from Time to Time, in the Queen's Name, by Instrument under the Great Seal of the Province, summon and call together the Legislative Assembly of the Province.

Restriction on election of Holders of offices.

83. Until the Legislature of Ontario or of Quebec otherwise provides, a Person accepting or holding in Ontario or in Quebec any Office, Commission, or Employment, permanent or temporary, at the Nomination of the Lieutenant Governor, to which an annual Salary, or any Fee, Allowance, Emolument, or Profit of any Kind or Amount whatever from the Province is attached, shall not be eligible as a Member of the Legislative Assembly of the respective Province, nor shall he sit or vote as such; but nothing in this Section shall make ineligible any Person being a member of the Executive Council of the respective Province, or holding any of the following Offices, that is to say, the Offices of Attorney General, Secretary and Registrar of the Province, Treasurer of the Province, Commissioner of Crown Lands, and Commissioner of Agriculture and Public Works, and in Quebec Solicitor General, or shall disqualify him to sit or vote in the House for which he is elected, provided he is elected while holding such Office. (38)

Continuance of existing Election Laws.

84. Until the legislatures of Ontario and Quebec respectively otherwise provide, all Laws which at the Union are in force in those Provinces respectively, relative to the following Matters, or any of them, namely, — the Qualifications and Disqualifications of Persons to be elected or to sit or vote as Members of the Assembly of Canada, the Qualifications or Disqualifications of Voters, the Oaths to be taken by Voters, the Returning Officers, their Powers and Duties, the Proceedings at Elections, the Periods during which such Elections may be continued, and the Trial of controverted Elections

---

(37) Repealed by the *Statute Law Revision Act, 1893*, 56-57 Vict., c. 14 (U.K.). The section read as follows:

> **81.** The Legislatures of Ontario and Quebec respectively shall be called together not later than Six Months after the Union.

(38) Probably spent. The subject-matter of this section is now covered in Ontario by the *Legislative Assembly Act*, R.S.O. 1980, c. 235, and in Quebec by the *Legislature Act*, R.S.Q. 1977, c. L-1.

and the Proceedings incident thereto, the vacating of the Seats of Members and the issuing and execution of new Writs in case of Seats vacated otherwise than by Dissolution, — shall respectively apply to Elections of Members to serve in the respective Legislative Assemblies of Ontario and Quebec.

Provided that, until the Legislature of Ontario otherwise provides, at any Election for a Member of the Legislative Assembly of Ontario for the District of Algoma, in addition to Persons qualified by the Law of the Province of Canada to vote, every male British Subject, aged Twenty-one Years or upwards, being a Householder, shall have a vote. (39)

85. Every Legislative Assembly of Ontario and every Legislative Assembly of Quebec shall continue for Four Years from the Day of the Return of the Writs for choosing the same (subject nevertheless to either the Legislative Assembly of Ontario or the Legislative Assembly of Quebec being sooner dissolved by the Lieutenant Governor of the Province), and no longer. (40)

Duration of Legislative Assemblies.

86. There shall be a Session of the Legislature of Ontario and of that of Quebec once at least in every Year, so that Twelve Months shall not intervene between the last Sitting of the Legislature in each Province in one Session and its first Sitting in the next Session. (41)

Yearly Session of Legislature.

87. The following Provisions of this Act respecting the House of Commons of Canada shall extend and apply to the Legislative Assemblies of Ontario and Quebec, that is to say, — the Provisions relating to the Election of a Speaker originally and on Vacancies, the Duties of the Speaker, the Absence of the Speaker, the Quorum, and the Mode of voting, as if those Provisions were here re-enacted and made applicable in Terms to each such Legislative Assembly.

Speaker, Quorum, etc.

---

(39) Probably spent. The subject-matter of this section is now covered in Ontario by the *Election Act*, R.S.O. 1980, c. 133, and the *Legislative Assembly Act*, R.S.O. 1980, c. 235, in Quebec by the *Elections Act*, R.S.Q. 1977, c. E-3, the *Provincial Controverted Elections Act*, R.S.Q. 1977, c. C-65, and the *Legislature Act*, R.S.Q. 1977, c. L-1.

(40) The maximum duration of the Legislative Assemblies of Ontario and Quebec has been changed to five years. See the *Legislative Assembly Act*, R.S.O. 1980, c. 235, and the *Legislature Act*, R.S.Q. 1977, c. L-1, respectively. See also section 4 of the *Constitution Act, 1982*, which provides a maximum duration for a legislative assembly of five years but also authorizes continuation in special circumstances.

(41) See also section 5 of the *Constitution Act, 1982*, which provides that there shall be a sitting of each legislature at least once every twelve months.

4.—NOVA SCOTIA AND NEW BRUNSWICK.

Constitutions of Legislatures of Nova Scotia and New Brunswick.

88. The Constitution of the Legislature of each of the Provinces of Nova Scotia and New Brunswick shall, subject to the Provisions of this Act, continue as it exists at the Union until altered under the Authority of this Act. (42)

89. Repealed. (43)

6.—THE FOUR PROVINCES.

Application to Legislatures of Provisions respecting Money Votes, etc.

90. The following Provisions of this Act respecting the Parliament of Canada, namely,— the Provisions relating to Appropriation and Tax Bills, the Recommendation of Money Votes, the Assent to Bills, the Disallowance of Acts, and the Signification of Pleasure on Bills reserved, — shall extend and apply to the Legislatures of the several Provinces as if those Provisions were here re-enacted and made applicable in Terms to the respective Provinces and the Legislatures thereof, with the Substitution of the Lieutenant Governor of the Province for the Governor General, of the Governor General for the Queen and for a Secretary of State, of One Year for Two Years, and of the Province for Canada.

---

(42) Partially repealed by the *Statute Law Revision Act, 1893*, 56-57 Vict., c. 14 (U.K.), which deleted the following concluding words of the original enactment:

> and the House of Assembly of New Brunswick existing at the passing of this Act shall, unless sooner dissolved, continue for the Period for which it was elected.

A similar provision was included in each of the instruments admitting British Columbia, Prince Edward Island and Newfoundland. The Legislatures of Manitoba, Alberta and Saskatchewan were established by the statutes creating those provinces. See the footnotes to section 5, *supra*.

See also sections 3 to 5 of the *Constitution Act, 1982*, which prescribe democratic rights applicable to all provinces, and subitem 2(2) of the Schedule to that Act, which sets out the repeal of section 20 of the *Manitoba Act, 1870*. Section 20 of the *Manitoba Act, 1870*, has been replaced by section 5 of the *Constitution Act, 1982*.

Section 20 reads as follows:

> **20.** There shall be a Session of the Legislature once at least in every year, so that twelve months shall not intervene between the last sitting of the Legislature in one Session and its first sitting in the next Session.

(43) Repealed by the *Statute Law Revision Act, 1893*, 56-57 Vict., c. 14 (U.K.). The section read as follows:

> 5.—Ontario, Quebec, and Nova Scotia.
>
> **89.** Each of the Lieutenant Governors of Ontario, Quebec and Nova Scotia shall cause Writs to be issued for the First Election of Members of the Legislative Assembly thereof in such Form and by such Person as he thinks fit, and at such Time and addressed to such Returning Officer as the Governor General directs, and so that the First Election of Member of Assembly for any Electoral District or any Subdivision thereof shall be held at the same Time and at the same Places as the Election for a Member to serve in the House of Commons of Canada for the Electoral District.

VI.—Distribution of Legislative Powers.

Powers of the Parliament.

Legislative Authority of Parliament of Canada.

91. It shall be lawful for the Queen, by and with the Advice and Consent of the Senate and House of Commons, to make Laws for the Peace, Order, and good Government of Canada, in relation to all Matters not coming within the Classes of Subjects by this Act assigned exclusively to the Legislatures of the Provinces; and for greater Certainty, but not so as to restrict the Generality of the foregoing Terms of this Section, it is hereby declared that (notwithstanding anything in this Act) the exclusive Legislative Authority of the Parliament of Canada extends to all Matters coming within the Classes of Subjects next hereinafter enumerated; that is to say,—

1. Repealed. (44)

1A. The Public Debt and Property. (45)

2. The Regulation of Trade and Commerce.

2A. Unemployment insurance. (46)

3. The raising of Money by any Mode or System of Taxation.

4. The borrowing of Money on the Public Credit.

5. Postal Service.

6. The Census and Statistics.

7. Militia, Military and Naval Service, and Defence.

8. The fixing of and providing for the Salaries and Allowances of Civil and other Officers of the Government of Canada.

---

(44) Class 1 was added by the *British North America (No. 2) Act, 1949*, 13 Geo. VI, c. 8 (U.K.). That Act and class 1 were repealed by the *Constitution Act, 1982*. The matters referred to in class 1 are provided for in subsection 4(2) and Part V of the *Constitution Act, 1982*. As enacted, class 1 read as follows:

> 1. The amendment from time to time of the Constitution of Canada, except as regards matters coming within the classes of subjects by this Act assigned exclusively to the Legislatures of the provinces, or as regards rights or privileges by this or any other Constitutional Act granted or secured to the Legislature or the Government of a province, or to any class of persons with respect to schools or as regards the use of the English or the French language or as regards the requirements that there shall be a session of the Parliament of Canada at least once each year, and that no House of Commons shall continue for more than five years from the day of the return of the Writs for choosing the House: provided, however, that a House of Commons may in time of real or apprehended war, invasion or insurrection be continued by the Parliament of Canada if such continuation is not opposed by the votes of more than one-third of the members of such House.

(45) Re-numbered by the *British North America (No. 2) Act, 1949.*

(46) Added by the *Constitution Act, 1940*, 3-4 Geo. VI, c. 36 (U.K.).

9. Beacons, Buoys, Lighthouses, and Sable Island.
10. Navigation and Shipping.
11. Quarantine and the Establishment and Maintenance of Marine Hospitals.
12. Sea Coast and Inland Fisheries.
13. Ferries between a Province and any British or Foreign Country or between Two Provinces.
14. Currency and Coinage.
15. Banking, Incorporation of Banks, and the Issue of Paper Money.
16. Savings Banks.
17. Weights and Measures.
18. Bills of Exchange and Promissory Notes.
19. Interest.
20. Legal Tender.
21. Bankruptcy and Insolvency.
22. Patents of Invention and Discovery.
23. Copyrights.
24. Indians, and Lands reserved for the Indians.
25. Naturalization and Aliens.
26. Marriage and Divorce.
27. The Criminal Law, except the Constitution of Courts of Criminal Jurisdiction, but including the Procedure in Criminal Matters.
28. The Establishment, Maintenance, and Management of Penitentiaries.
29. Such Classes of Subjects as are expressly excepted in the Enumeration of the Classes of Subjects by this Act assigned exclusively to the Legislatures of the Provinces.

And any Matter coming within any of the Classes of Subjects enumerated in this Section shall not be deemed to come within the Class of Matters of a local or private Nature comprised in the Enumeration of the Classes of Subjects by this Act assigned exclusively to the Legislatures of the Provinces. (47)

---

(47) Legislative authority has been conferred on Parliament by other Acts as follows:

1. The *Constitution Act, 1871*, 34-35 Vict., c. 28 (U.K.).

Exclusive Powers of Provincial Legislatures.

92. In each Province the Legislature may exclusively make Laws in relation to Matters coming within the Classes of Subject next hereinafter enumerated; that is to say,— Subjects of exclusive Provincial Legislation.

1. Repealed. (48)

---

2. The Parliament of Canada, may from time to time establish new Provinces in any territories forming for the time being part of the Dominion of Canada, but not included in any Province thereof, and may, at the time of such establishment, make provision for the constitution and administration of any such Province, and for the passing of laws for the peace, order, and good government of such Province, and for its representation in the said Parliament.

3. The Parliament of Canada may from time to time, with the consent of the Legislature of any province of the said Dominion, increase, diminish, or otherwise alter the limits of such Province, upon such terms and conditions as may be agreed to by the said Legislature, and may, with the like consent, make provision respecting the effect and operation of any such increase or diminution or alteration of territory in relation to any Province affected thereby.

4. The Parliament of Canada may from time to time make provision for the administration, peace, order, and good government of any territory not for the time being included in any Province.

5. The following Acts passed by the said Parliament of Canada, and intituled respectively, —"An Act for the temporary government of Rupert's Land and the North Western Territory when united with Canada"; and "An Act to amend and continue the Act thirty-two and thirty-three Victoria, chapter three, and to establish and provide for the government of "the Province of Manitoba", shall be and be deemed to have been valid and effectual for all purposes whatsoever from the date at which they respectively received the assent, in the Queen's name, of the Governor General of the said Dominion of Canada.

6. Except as provided by the third section of this Act, it shall not be competent for the Parliament of Canada to alter the provisions of the last-mentioned Act of the said Parliament in so far as it relates to the Province of Manitoba, or of any other Act hereafter establishing new Provinces in the said Dominion, subject always to the right of the Legislature of the Province of Manitoba to alter from time to time the provisions of any law respecting the qualification of electors and members of the Legislative Assembly, and to make laws respecting elections in the said Province.

The *Rupert's Land Act 1868*, 31-32 Vict., c. 105 (U.K.) (repealed by the *Statute Law Revision Act, 1893*, 56-57 Vict., c. 14 (U.K.)) had previously conferred similar authority in relation to Rupert's Land and the North Western Territory upon admission of those areas.

2. The *Constitution Act, 1886*, 49-50 Vict., c. 35, (U.K.).

1. The Parliament of Canada may from time to time make provision for the representation in the Senate and House of Commons of Canada, or in either of them, of any territories which for the time being form part of the Dominion of Canada, but are not included in any province thereof.

3. The *Statute of Westminster, 1931*, 22 Geo. V, c. 4 (U.K.).

3. It is hereby declared and enacted that the Parliament of a Dominion has full power to make laws having extra-territorial operation.

4. Section 44 of the *Constitution Act, 1982*, authorizes Parliament to amend the Constitution of Canada in relation to the executive government of Canada or the Senate and House of Commons. Sections 38, 41, 42, and 43 of that Act authorize the Senate and House of Commons to give their approval to certain other constitutional amendments by resolution.

(48) Class 1 was repealed by the *Constitution Act, 1982*. As enacted, it read as follows:

1. The Amendment from Time to Time, notwithstanding anything in this Act, of the Constitution of the province, except as regards the Office of Lieutenant Governor.

2. Direct Taxation within the Province in order to the raising of a Revenue for Provincial Purposes.
3. The borrowing of Money on the sole Credit of the Province.
4. The Establishment and Tenure of Provincial Offices and the Appointment and Payment of Provincial Officers.
5. The Management and Sale of the Public Lands belonging to the Province and of the Timber and Wood thereon.
6. The Establishment, Maintenance, and Management of Public and Reformatory Prisons in and for the Province.
7. The Establishment, Maintenance, and Management of Hospitals, Asylums, Charities, and Eleemosynary Institutions in and for the Province, other than Marine Hospitals.
8. Municipal Institutions in the Province.
9. Shop, Saloon, Tavern, Auctioneer, and other Licences in order to the raising of a Revenue for Provincial, Local, or Municipal Purposes.
10. Local Works and Undertakings other than such as are of the following Classes:—

    (*a*) Lines of Steam or other Ships, Railways, Canals, Telegraphs, and other Works and Undertakings connecting the Province with any other or others of the Provinces, or extending beyond the Limits of the Province;

    (*b*) Lines of Steam Ships between the Province and any British or Foreign Country;

    (*c*) Such Works as, although wholly situate within the Province, are before or after their Execution declared by the Parliament of Canada to be for the general Advantage of Canada or for the Advantage of Two or more of the Provinces.
11. The Incorporation of Companies with Provincial Objects.
12. The Solemnization of Marriage in the Province.
13. Property and Civil Rights in the Province.

Section 45 of the *Constitution Act, 1982*, now authorizes legislatures to make laws amending the constitution of the province. Sections 38, 41, 42, and 43 of that Act authorize legislative assemblies to give their approval by resolution to certain other amendments to the Constitution of Canada.

14. The Administration of Justice in the Province, including the Constitution, Maintenance, and Organization of Provincial Courts, both of Civil and of Criminal Jurisdiction, and including Procedure in Civil Matters in those Courts.
15. The Imposition of Punishment by Fine, Penalty, or Imprisonment for enforcing any Law of the Province made in relation to any Matter coming within any of the Classes of Subjects enumerated in this Section.
16. Generally all Matters of a merely local or private Nature in the Province.

Non-Renewable Natural Resources, Forestry Resources and Electrical Energy

Laws respecting non-renewable natural resources, forestry resources and electrical energy

92A. (1) In each province, the legislature may exclusively make laws in relation to

(*a*) exploration for non-renewable natural resources in the province;

(*b*) development, conservation and management of non-renewable natural resources and forestry resources in the province, including laws in relation to the rate of primary production therefrom; and

(*c*) development, conservation and management of sites and facilities in the province for the generation and production of electrical energy.

Export from provinces of resources

(2) In each province, the legislature may make laws in relation to the export from the province to another part of Canada of the primary production from non-renewable natural resources and forestry resources in the province and the production from facilities in the province for the generation of electrical energy, but such laws may not authorize or provide for discrimination in prices or in supplies exported to another part of Canada.

Authority of Parliament

(3) Nothing in subsection (2) derogates from the authority of Parliament to enact laws in relation to the matters referred to in that subsection and, where such a law of Parliament and a law of a province conflict, the law of Parliament prevails to the extent of the conflict.

Taxation of resources

(4) In each province, the legislature may make laws in relation to the raising of money by any mode or system of taxation in respect of

(*a*) non-renewable natural resources and forestry resources in the province and the primary production therefrom, and

(*b*) sites and facilities in the province for the generation of electrical energy and the production therefrom,

whether or not such production is exported in whole or in part from the province, but such laws may not authorize or provide for taxation that differentiates between production exported to another part of Canada and production not exported from the province.

"Primary production"

(5) The expression "primary production" has the meaning assigned by the Sixth Schedule.

Existing powers or rights

(6) Nothing in subsections (1) to (5) derogates from any powers or rights that a legislature or government of a province had immediately before the coming into force of this section. (49)

Education.

Legislation respecting Education.

93. In and for each Province the Legislature may exclusively make Laws in relation to Education, subject and according to the following Provisions:—

(1) Nothing in any such Law shall prejudicially affect any Right or Privilege with respect to Denominational Schools which any Class of Persons have by Law in the Province at the Union:

(2) All the Powers, Privileges, and Duties at the Union by Law conferred and imposed in Upper Canada on the Separate Schools and School Trustees of the Queen's Roman Catholic Subjects shall be and the same are hereby extended to the Dissentient Schools of the Queen's Protestant and Roman Catholic Subjects in Quebec:

(3) Where in any Province a System of Separate or Dissentient Schools exists by Law at the Union or is thereafter established by the Legislature of the Province, an Appeal shall lie to the Governor General in Council from any Act or Decision of any Provincial

(49) Added by the *Constitution Act, 1982.*

Authority affecting any Right or Privilege of the Protestant or Roman Catholic Minority of the Queen's Subjects in relation to Education:

(4) In case any such Provincial Law as from Time to Time seems to the Governor General in Council requisite for the due Execution of the Provisions of this Section is not made, or in case any Decision of the Governor General in Council on any Appeal under this Section is not duly executed by the proper Provincial Authority in that Behalf, then and in every such Case, and as far only as the Circumstances of each Case require, the Parliament of Canada may make remedial Laws for the due Execution of the Provisions of this Section and of any Decision of the Governor General in Council under this Section. (50)

---

(50) Altered for Manitoba by section 22 of the *Manitoba Act, 1870*, 33 Vict., c. 3 (Canada), (confirmed by the *Constitution Act, 1871*), which reads as follows:

> **22.** In and for the Province, the said Legislature may exclusively make Laws in relation to Education, subject and according to the following provisions:—
>
> (1) Nothing in any such Law shall prejudicially affect any right or privilege with respect to Denominational Schools which any class of persons have by Law or practice in the Province at the Union:
>
> (2) An appeal shall lie to the Governor General in Council from any Act or decision of the Legislature of the Province, or of any Provincial Authority, affecting any right or privilege, of the Protestant or Roman Catholic minority of the Queen's subjects in relation to Education:
>
> (3) In case any such Provincial Law, as from time to time seems to the Governor General in Council requisite for the due execution of the provisions of this section, is not made, or in case any decision of the Governor General in Council on any appeal under this section is not duly executed by the proper Provincial Authority in that behalf, then, and in every such case, and as far only as the circumstances of each case require, the Parliament of Canada may make remedial Laws for the due execution of the provisions of this section, and of any decision of the Governor General in Council under this section.

Altered for Alberta by section 17 of the *Alberta Act*, 4-5 Edw. VII, c. 3, 1905 (Canada), which reads as follows:

> **17.** Section 93 of the *Constitution Act, 1867*, shall apply to the said province, with the substitution for paragraph (1) of the said section 93 of the following paragraph:—
>
> (1) Nothing in any such law shall prejudicially affect any right or privilege with respect to separate schools which any class of persons have at the date of the passing of this Act, under the terms of chapters 29 and 30 of the Ordinances of the Northwest Territories, passed in the year 1901, or with respect to religious instruction in any public or separate school as provided for in the said ordinances.
>
> **2.** In the appropriation by the Legislature or distribution by the Government of the province of any moneys for the support of schools organized and carried on in accordance with the said chapter 29 or any Act passed in amendment thereof, or in substitution therefor, there shall be no discrimination against schools of any class described in the said chapter 29.

Uniformity of Laws in Ontario, Nova Scotia and New Brunswick.

Legislation for Uniformity of Laws in Three Provinces.

94. Notwithstanding anything in this Act, the Parliament of Canada may make Provision for the Uniformity of all or any of the Laws relative to Property and Civil Rights in Ontario, Nova Scotia, and New Brunswick, and of the Proce-

---

3. Where the expression "by law" is employed in paragraph 3 of the said section 93, it shall be held to mean the law as set out in the said chapters 29 and 30, and where the expression "at the Union" is employed, in the said paragraph 3, it shall be held to mean the date at which this Act comes into force.

Altered for Saskatchewan by section 17 of the *Saskatchewan Act*, 4-5 Edw. VII, c. 42, 1905 (Canada), which reads as follows:

17. Section 93 of the *Constitution Act, 1867*, shall apply to the said province, with the substitution for paragraph (1) of the said section 93, of the following paragraph:—

(1) Nothing in any such law shall prejudicially affect any right or privilege with respect to separate schools which any class of persons have at the date of the passing of this Act, under the terms of chapters 29 and 30 of the Ordinances of the Northwest Territories, passed in the year 1901, or with respect to religious instruction in any public or separate school as provided for in the said ordinances.

2. In the appropriation by the Legislature or distribution by the Government of the province of any moneys for the support of schools organized and carried on in accordance with the said chapter 29, or any Act passed in amendment thereof or in substitution therefor, there shall be no discrimination against schools of any class described in the said chapter 29.

3. Where the expression "by law" is employed in paragraph (3) of the said section 93, it shall be held to mean the law as set out in the said chapters 29 and 30; and where the expression "at the Union" is employed in the said paragraph (3), it shall be held to mean the date at which this Act comes into force.

Altered by Term 17 of the Terms of Union of Newfoundland with Canada (confirmed by the *Newfoundland Act*, 12-13 Geo. VI, c. 22 (UK.)), which reads as follows:

17. In lieu of section ninety-three of the *Constitution Act, 1867*, the following term shall apply in respect of the Province of Newfoundland:

In and for the Province of Newfoundland the Legislature shall have exclusive authority to make laws in relation to education, but the Legislature will not have authority to make laws prejudicially affecting any right or privilege with respect to denominational schools, common (amalgamated) schools, or denominational colleges, that any class or classes of persons have by law in Newfoundland at the date of Union, and out of public funds of the Province of Newfoundland, provided for education,

(*a*) all such schools shall receive their share of such funds in accordance with scales determined on a non-discriminatory basis from time to time by the Legislature for all schools then being conducted under authority of the Legislature; and

(*b*) all such colleges shall receive their share of any grant from time to time voted for all colleges then being conducted under authority of the Legislature, such grant being distributed on a non-discriminatory basis.

See also sections 23, 29, and 59 of the *Constitution Act, 1982*. Section 23 provides for new minority language educational rights and section 59 permits a delay in respect of the coming into force in Quebec of one aspect of those rights. Section 29 provides that nothing in the *Canadian Charter of Rights and Freedoms* abrogates or derogates from any rights or privileges guaranteed by or under the Constitution of Canada in respect of denominational, separate or dissentient schools.

dure of all or any of the Courts in Those Three Provinces, and from and after the passing of any Act in that Behalf the Power of the Parliament of Canada to make Laws in relation to any Matter comprised in any such Act shall, notwithstanding anything in this Act, be unrestricted; but any Act of the Parliament of Canada making Provision for such Uniformity shall not have effect in any Province unless and until it is adopted and enacted as Law by the Legislature thereof.

Old Age Pensions.

Legislation respecting old age pensions and supplementary benefits.

94A. The Parliament of Canada may make laws in relation to old age pensions and supplementary benefits, including survivors, and disability benefits irrespective of age, but no such law shall affect the operation of any law present or future of a provincial legislature in relation to any such matter. (51)

Agriculture and Immigration.

Concurrent Powers of Legislation respecting Agriculture, etc.

95. In each Province the Legislature may make Laws in relation to Agriculture in the Province, and to Immigration into the Province; and it is hereby declared that the Parliament of Canada may from Time to Time make Laws in relation to Agriculture in all or any of the Provinces, and to Immigration into all or any of the Provinces; and any Law of the Legislature of a Province relative to Agriculture or to Immigration shall have effect in and for the Province as long and as far only as it is not repugnant to any Act of the Parliament of Canada.

VII.—JUDICATURE.

Appointment of Judges.

96. The Governor General shall appoint the Judges of the Superior, District, and County Courts in each Province, except those of the Courts of Probate in Nova Scotia and New Brunswick.

---

(51) Added by the *Constitution Act, 1964*, 12-13 Eliz. II, c. 73 (U.K.). As originally enacted by the *British North America Act, 1951*, 14-15 Geo. VI, c. 32 (U.K.), which was repealed by the *Constitution Act, 1982*, section 94A read as follows:

> **94A.** It is hereby declared that the Parliament of Canada may from time to time make laws in relation to old age pensions in Canada, but no law made by the Parliament of Canada in relation to old age pensions shall affect the operation of any law present or future of a Provincial Legislature in relation to old age pensions.

Selection of Judges in Ontario, etc.

97. Until the laws relative to Property and Civil Rights in Ontario, Nova Scotia, and New Brunswick, and the Procedure of the Courts in those Provinces, are made uniform, the Judges of the Courts of those Provinces appointed by the Governor General shall be selected from the respective Bars of those Provinces.

Selection of Judges in Quebec.

98. The Judges of the Courts of Quebec shall be selected from the Bar of that Province.

Tenure of office of Judges.

99. (1) Subject to subsection two of this section, the Judges of the Superior Courts shall hold office during good behaviour, but shall be removable by the Governor General on Address of the Senate and House of Commons.

Termination at age 75.

(2) A Judge of a Superior Court, whether appointed before or after the coming into force of this section, shall cease to hold office upon attaining the age of seventy-five years, or upon the coming into force of this section if at that time he has already attained that age. (52)

Salaries etc., of Judges.

100. The Salaries, Allowances, and Pensions of the Judges of the Superior, District, and County Courts (except the Courts of Probate in Nova Scotia and New Brunswick), and of the Admiralty Courts in Cases where the Judges thereof are for the Time being paid by Salary, shall be fixed and provided by the Parliament of Canada. (53)

General Court of Appeal, etc.

101. The Parliament of Canada may, notwithstanding anything in this Act, from Time to Time provide for the Constitution, Maintenance, and Organization of a General Court of Appeal for Canada, and for the Establishment of any additional Courts for the better Administration of the Laws of Canada. (54)

---

(52) Repealed and re-enacted by the *Constitution Act, 1960*, 9 Eliz. II, c. 2 (U.K.), which came into force on the 1st day of March, 1961. The original section read as follows:

> **99.** The Judges of the Superior Courts shall hold Office during good Behaviour, but shall be removable by the Governor General on Address of the Senate and House of Commons.

(53) Now provided for in the *Judges Act*, R.S.C. 1970, c. J-1.

(54) See the *Supreme Court Act*, R.S.C. 1970, c. S-19, and the *Federal Court Act*, R.S.C. 1970, (2nd Supp.) c. 10.

VIII.—Revenues; Debts; Assets; Taxation.

Creation of Consolidated Revenue Fund.

102. All Duties and Revenues over which the respective Legislatures of Canada, Nova Scotia, and New Brunswick before and at the Union had and have Power of Appropriation, except such Portions thereof as are by this Act reserved to the respective Legislatures of the Provinces, or are raised by them in accordance with the special Powers conferred on them by this Act, shall form One Consolidated Revenue Fund, to be appropriated for the Public Service of Canada in the Manner and subject to the Charges of this Act provided.

Expenses of Collection, etc.

103. The Consolidated Revenue Fund of Canada shall be permanently charged with the Costs, Charges, and Expenses incident to the Collection, Management, and Receipt thereof, and the same shall form the First Charge thereon, subject to be reviewed and audited in such Manner as shall be ordered by the Governor General in Council until the Parliament otherwise provides.

Interest of Provincial Public Debts.

104. The annual Interest of the Public Debts of the several Provinces of Canada, Nova Scotia, and New Brunswick at the Union shall form the Second Charge on the Consolidated Revenue Fund of Canada.

Salary of Governor General.

105. Unless altered by the Parliament of Canada, the Salary of the Governor General shall be Ten thousand Pounds Sterling Money of the United Kingdom of Great Britain and Ireland, payable out of the Consolidated Revenue Fund of Canada, and the same shall form the Third Charge thereon. (55)

Appropriation from Time to Time.

106. Subject to the several Payments by this Act charged on the Consolidated Revenue Fund of Canada, the same shall be appropriated by the Parliament of Canada for the Public Service.

Transfer of Stocks, etc.

107. All Stocks, Cash, Banker's Balances, and Securities for Money belonging to each Province at the Time of the Union, except as in this Act mentioned, shall be the Property of Canada, and shall be taken in Reduction of the Amount of the respective Debts of the Provinces at the Union.

---

(55) Now covered by the *Governor General's Act*, R.S.C. 1970, c. G-14.

Tansfer of Property in Schedule.

108. The Public Works and Property of each Province, enumerated in the Third Schedule to this Act, shall be the Property of Canada.

Property in Lands, Mines, etc.

109. All Lands, Mines, Minerals, and Royalties belonging to the several Provinces of Canada, Nova Scotia, and New Brunswick at the Union, and all Sums then due or payable for such Lands, Mines, Minerals, or Royalties, shall belong to the several Provinces of Ontario, Quebec, Nova Scotia, and New Brunswick in which the same are situate or arise, subject to any Trusts existing in respect thereof, and to any Interest other than that of the Province in the same. (56)

Assets connected with Provincial Debts.

110. All Assets connected with such Portions of the Public Debt of each Province as are assumed by that Province shall belong to that Province.

Canada to be liable for Provincial Debts.

111. Canada shall be liable for the Debts and Liabilities of each Province existing at the Union.

Debts of Ontario and Quebec.

112. Ontario and Quebec conjointly shall be liable to Canada for the Amount (if any) by which the Debt of the Province of Canada exceeds at the Union Sixty-two million five hundred thousand Dollars, and shall be charged with Interest at the Rate of Five Per Centum per Annum thereon.

Assets of Ontario and Quebec.

113. The Assets enumerated in the Fourth Schedule to this Act belonging at the Union to the Province of Canada shall be the Property of Ontario and Quebec conjointly.

Debt of Nova Scotia.

114. Nova Scotia shall be liable to Canada for the Amount (if any) by which its Public Debt exceeds at the Union Eight million Dollars, and shall be charged with Interest at the Rate of Five per Centum per Annum thereon. (57)

Debt of New Brunswick.

115. New Brunswick shall be liable to Canada for the Amount (if any) by which its Public Debt exceeds at the

---

(56) The three prairie provinces were placed in the same position as the original provinces by the *Constitution Act, 1930*, 21 Geo. V, c. 26 (U.K.).

(57) The obligations imposed by this section, sections 115 and 116, and similar obligations under the instruments creating or admitting other provinces, have been carried into legislation of the Parliament of Canada and are now to be found in the *Provincial Subsidies Act*, R.S.C. 1970, c. P-26.

Union Seven million Dollars, and shall be charged with Interest at the Rate of Five per Centum per Annum thereon.

Payment of Interest to Nova Scotia and New Brunswick.

116. In case the Public Debts of Nova Scotia and New Brunswick do not at the Union amount to Eight million and Seven million Dollars respectively, they shall respectively receive by half-yearly Payments in advance from the Government of Canada Interest at Five per Centum per Annum on the Difference between the actual Amounts of their respective Debts and such stipulated Amounts.

Provincial Public Property.

117. The several Provinces shall retain all their respective Public Property not otherwise disposed of in this Act, subject to the Right of Canada to assume any Lands or Public Property required for Fortifications or for the Defence of the Country.

118. Repealed. (58)

---

(58) Repealed by the *Statute Law Revision Act, 1950*, 14 Geo. VI, c. 6 (U.K.). As originally enacted the section read as follows:

> **118.** The following Sums shall be paid yearly by Canada to the several Provinces for the Support of their Governments and Legislatures:
>
> | | Dollars |
> |---|---|
> | Ontario | Eighty thousand. |
> | Quebec | Seventy thousand. |
> | Nova Scotia | Sixty thousand. |
> | New Brunswick | Fifty thousand. |
> | | Two hundred and sixty thousand; |
>
> and an annual Grant in aid of each Province shall be made, equal to Eighty Cents per Head of the Population as ascertained by the Census of One thousand eight hundred and sixty-one, and in the Case of Nova Scotia and New Brunswick, by each subsequent Decennial Census until the Population of each of those two Provinces amounts to Four hundred thousand Souls, at which Rate such Grant shall thereafter remain. Such Grants shall be in full Settlement of all future Demands on Canada, and shall be paid half-yearly in advance to each Province; but the Government of Canada shall deduct from such Grants, as against any Province, all Sums chargeable as Interest on the Public Debt of that Province in excess of the several Amounts stipulated in this Act.

The section was made obsolete by the *Constitution Act, 1907*, 7 Edw. VII, c. 11 (U.K.) which provided:

> **1.** (1) The following grants shall be made yearly by Canada to every province, which at the commencement of this Act is a province of the Dominion, for its local purposes and the support of its Government and Legislature: —
>
> (*a*) A fixed grant —
>
> where the population of the province is under one hundred and fifty thousand, of one hundred thousand dollars;
>
> where the population of the province is one hundred and fifty thousand, but does not exceed two hundred thousand, of one hundred and fifty thousand dollars;

Further Grant to New Brunswick.

119. New Brunswick shall receive by half-yearly Payments in advance from Canada for the period of Ten years from the Union an additional Allowance of Sixty-three thou-

---

where the population of the province is two hundred thousand, but does not exceed four hundred thousand, of one hundred and eighty thousand dollars;

where the population of the province is four hundred thousand, but does not exceed eight hundred thousand, of one hundred and ninety thousand dollars;

where the population of the province is eight hundred thousand, but does not exceed one million five hundred thousand, of two hundred and twenty thousand dollars;

where the population of the province exceeds one million five hundred thousand, of two hundred and forty thousand dollars; and

(*b*) Subject to the special provisions of this Act as to the provinces of British Columbia and Prince Edward Island, a grant at the rate of eighty cents per head of the population of the province up to the number of two million five hundred thousand, and at the rate of sixty cents per head of so much of the population as exceeds that number.

(2) An additional grant of one hundred thousand dollars shall be made yearly to the province of British Columbia for a period of ten years from the commencement of this Act.

(3) The population of a province shall be ascertained from time to time in the case of the provinces of Manitoba, Saskatchewan, and Alberta respectively by the last quinquennial census or statutory estimate of population made under the Acts establishing those provinces or any other Act of the Parliament of Canada making provision for the purpose, and in the case of any other province by the last decennial census for the time being.

(4) The grants payable under this Act shall be paid half-yearly in advance to each province.

(5) The grants payable under this Act shall be substituted for the grants or subsidies (in this Act referred to as existing grants) payable for the like purposes at the commencement of this Act to the several provinces of the Dominion under the provisions of section one hundred and eighteen of the *Constitution Act, 1867*, or of any Order in Council establishing a province, or of any Act of the Parliament of Canada containing directions for the payment of any such grant or subsidy, and those provisions shall cease to have effect.

(6) The Government of Canada shall have the same power of deducting sums charged against a province on account of the interest on public debt in the case of the grant payable under this Act to the province as they have in the case of the existing grant.

(7) Nothing in this Act shall affect the obligation of the Government of Canada to pay to any province any grant which is payable to that province, other than the existing grant for which the grant under this Act is substituted.

(8) In the case of the provinces of British Columbia and Prince Edward Island, the amount paid on account of the grant payable per head of the population to the provinces under this Act shall not at any time be less than the amount of the corresponding grant payable at the commencement of this Act, and if it is found on any decennial census that the population of the province has decreased since the last decennial census, the amount paid on account of the grant shall not be decreased below the amount then payable, notwithstanding the decrease of the population.

See the *Provincial Subsidies Act*, R.S.C. 1970, c. P-26, *The Maritime Provinces Additional Subsidies Act*, 1942-43, c. 14, and the Terms of Union of Newfoundland with Canada, appended to the *Newfoundland Act*, and also to *An Act to approve the Terms of Union of Newfoundland with Canada*, chapter 1 of the Statutes of Canada, 1949.

See also Part III of the *Constitution Act, 1982*, which sets out commitments by Parliament and the provincial legislatures respecting equal opportunities, economic development and the provision of essential public services and a commitment by Parliament and the government of Canada to the principle of making equalization payments.

sand Dollars per Annum; but as long as the Public Debt of that Province remains under Seven million Dollars, a Deduction equal to the Interest at Five per Centum per Annum on such Deficiency shall be made from that Allowance of Sixty-three thousand Dollars. (59)

Form of Payments.

120. All Payments to be made under this Act, or in discharge of Liabilities created under any Act of the Provinces of Canada, Nova Scotia, and New Brunswick respectively, and assumed by Canada, shall, until the Parliament of Canada otherwise directs, be made in such Form and Manner as may from Time to Time be ordered by the Governor General in Council.

Canadian Manufactures, etc.

121. All Articles of the Growth, Produce, or Manufacture of any one of the Provinces shall, from and after the Union, be admitted free into each of the other Provinces.

Continuance of Customs and Excise Laws.

122. The Customs and Excise Laws of each Province shall, subject to the Provisions of this Act, continue in force until altered by the Parliament of Canada. (60)

Exportation and Importation as between Two Provinces.

123. Where Customs Duties are, at the Union, leviable on any Goods, Wares, or Merchandises in any Two Provinces, those Goods, Wares, and Merchandises may, from and after the Union, be imported from one of those Provinces into the other of them on Proof of Payment of the Customs Duty leviable thereon in the Province of Exportation, and on Payment of such further Amount (if any) of Customs Duty as is leviable thereon in the Province of Importation. (61)

Lumber Dues in New Brunswick.

124. Nothing in this Act shall affect the Right of New Brunswick to levy the Lumber Dues provided in Chapter Fifteen of Title Three of the Revised Statutes of New Brunswick, or in any Act amending that Act before or after the Union, and not increasing the Amount of such Dues; but the Lumber of any of the Provinces other than New Brunswick shall not be subject to such Dues. (62)

---

(59) Spent.

(60) Spent. Now covered by the *Customs Act*, R.S.C. 1970, c. C-40, the *Customs Tariff*, R.S.C. 1970, c. C-41, the *Excise Act*, R.S.C. 1970, c. E-12 and the *Excise Tax Act*, R.S.C. 1970, c. E-13.

(61) Spent.

(62) These dues were repealed in 1873 by 36 Vict., c. 16 (N.B.). And see *An Act respecting the Export Duties imposed on Lumber*, etc. (1873) 36 Vict., c. 41 (Canada), and section 2 of the *Provincial Subsidies Act*, R.S.C. 1970, c. P-26.

Exemption of Public Lands, etc.

125. No Lands or Property belonging to Canada or any Province shall be liable to Taxation.

Provincial Consolidated Revenue Fund.

126. Such Portions of the Duties and Revenues over which the respective Legislatures of Canada, Nova Scotia, and New Brunswick had before the Union Power of Appropriation as are by this Act reserved to the respective Governments or Legislatures of the Provinces, and all Duties and Revenues raised by them in accordance with the special Powers conferred upon them by this Act, shall in each Province form One Consolidated Revenue Fund to be appropriated for the Public Service of the Province.

IX. — Miscellaneous Provisions.

General.

127. Repealed. (63)

Oath of Allegiance, etc.

128. Every Member of the Senate or House of Commons of Canada shall before taking his Seat therein take and subscribe before the Governor General or some Person authorized by him, and every Member of a Legislative Council or Legislative Assembly of any Province shall before taking his Seat therein take and subscribe before the Lieutenant Governor of the Province or some Person authorized by him, the Oath of Allegiance contained in the Fifth Schedule to this Act; and every Member of the Senate of Canada and every Member of the Legislative Council of Quebec shall also, before taking his Seat therein, take and subscribe before the Governor General, or some Person authorized by him, the Declaration of Qualification contained in the same Schedule.

Continuance of existing Laws, Courts, Officers, etc.

129. Except as otherwise provided by this Act, all Laws in force in Canada, Nova Scotia, or New Brunswick at the Union, and all Courts of Civil and Criminal Jurisdiction, and

---

(63) Repealed by the *Statute Law Revision Act, 1893*, 56-57 Vict., c. 14 (U.K.). The section read as follows:

> **127.** If any Person being at the passing of this Act a Member of the Legislative Council of Canada, Nova Scotia, or New Brunswick to whom a Place in the Senate is offered, does not within Thirty Days thereafter, by Writing under his Hand addressed to the Governor General of the Province of Canada or to the Lieutenant Governor of Nova Scotia or New Brunswick (as the Case may be), accept the same, he shall be deemed to have declined the same; and any Person who, being at the passing of this Act a Member of the Legislative Council of Nova Scotia or New Brunswick, accepts a Place in the Senate, shall thereby vacate his Seat in such Legislative Council.

all legal Commissions, Powers, and Authorities, and all Officers, Judicial, Administrative, and Ministerial, existing therein at the Union, shall continue in Ontario, Quebec, Nova Scotia, and New Brunswick respectively, as if the Union had not been made; subject nevertheless (except with respect to such as are enacted by or exist under Acts of the Parliament of Great Britain or of the Parliament of the United Kingdom of Great Britain and Ireland), to be repealed, abolished, or altered by the Parliament of Canada, or by the Legislature of the respective Province, according to the Authority of the Parliament or of that Legislature under this Act. (64)

Transfer of Officers to Canada.

130. Until the Parliament of Canada otherwise provides, all Officers of the several Provinces having Duties to discharge in relation to Matters other than those coming within the Classes of Subjects by this Act assigned exclusively to the Legislatures of the Provinces shall be Officers of Canada, and shall continue to discharge the Duties of their respective Offices under the same Liabilities, Responsibilities, and Penalties as if the Union had not been made. (65)

Appointment of new Officers.

131. Until the Parliament of Canada otherwise provides, the Governor General in Council may from Time to Time appoint such Officers as the Governor General in Council deems necessary or proper for the effectual Execution of this Act.

Treaty Obligations.

132. The Parliament and Government of Canada shall have all Powers necessary or proper for performing the Obligations of Canada or of any Province thereof, as Part of the British Empire, towards Foreign Countries, arising under Treaties between the Empire and such Foreign Countries.

Use of English and French Languages.

133. Either the English or the French Language may be used by any Person in the Debates of the Houses of the Parliament of Canada and of the Houses of the Legislature of Quebec; and both those Languages shall be used in the respective Records and Journals of those Houses; and either of those Languages may be used by any Person or in any

---

(64) The restriction against altering or repealing laws enacted by or existing under statutes of the United Kingdom was removed by the *Statute of Westminster, 1931*, 22 Geo. V, c. 4 (U.K.) except in respect of certain constitutional documents. Comprehensive procedures for amending enactments forming part of the Constitution of Canada were provided by Part V of the *Constitution Act, 1982*, (U.K.) 1982, c. 11.

(65) Spent.

Pleading or Process in or issuing from any Court of Canada established under this Act, and in or from all or any of the Courts of Quebec.

The Acts of the Parliament of Canada and of the Legislature of Quebec shall be printed and published in both those Languages. (66)

Ontario and Quebec.

Appointment of Executive Officers for Ontario and Quebec.

134. Until the Legislature of Ontario or of Quebec otherwise provides, the Lieutenant Governors of Ontario and Quebec may each appoint under the Great Seal of the Province the following Officers, to hold Office during Pleasure, that is to say, — the Attorney General, the Secretary and Registrar of the Province, the Treasurer of the Province, the Commissioner of Crown Lands, and the Commissioner of Agriculture and Public Works, and in the Case of Quebec the Solicitor General, and may, by Order of the Lieutenant Governor in Council, from Time to Time prescribe the Duties of those Officers, and of the several Departments over which they shall preside or to which they shall belong, and of the Officers and Clerks thereof, and may also appoint other and additional Officers to hold Office during Pleasure, and may from Time to Time prescribe the Duties of those Officers, and of the several Departments over which they shall preside or to which they shall belong, and of the Officers and Clerks thereof. (67)

---

(66) A similar provision was enacted for Manitoba by Section 23 of the *Manitoba Act, 1870*, 33 Vict., c. 3 (Canada), (confirmed by the *Constitution Act, 1871*. Section 23 read as follows:

> **23.** Either the English or the French language may be used by any person in the debates of the Houses of the Legislature, and both those languages shall be used in the respective Records and Journals of those Houses; and either of those languages may be used by any person, or in any Pleading or Process, in or issuing from any Court of Canada established under the British North America Act, 1867, or in or from all or any of the Courts of the Province. The Acts of the Legislature shall be printed and published in both those languages.

Sections 17 to 19 of the *Constitution Act, 1982*, restate the language rights set out in section 133 in respect of Parliament and the courts established under the *Constitution Act, 1867*, and also guarantees those rights in respect of the legislature of New Brunswick and the courts of that province.

Section 16 and sections 20, 21 and 23 of the *Constitution Act, 1982*, recognize additional language rights in respect of the English and French languages. Section 22 preserves language rights and privileges of languages other than English and French.

(67) Spent. Now covered in Ontario by the *Executive Council Act*, R.S.O. 1980, c. 147 and in Quebec by the *Executive Power Act*, R.S.Q. 1977, c. E-18.

135. Until the Legislature of Ontario or Quebec otherwise provides, all Rights, Powers, Duties, Functions, Responsibilities, or Authorities at the passing of this Act vested in or imposed on the Attorney General, Solicitor General, Secretary and Registrar of the Province of Canada, Minister of Finance, Commissioner of Crown Lands, Commissioner of Public Works, and Minister of Agriculture and Receiver General, by any Law, Statute, or Ordinance of Upper Canada, Lower Canada, or Canada, and not repugnant to this Act, shall be vested in or imposed on any Officer to be appointed by the Lieutenant Governor for the discharge of the same or any of them; and the Commissioner of Agriculture and Public Works shall perform the Duties and Functions of the Office of Minister of Agriculture at the passing of this Act imposed by the Law of the Province of Canada, as well as those of the Commissioner of Public Works. (68)

Powers, Duties, etc. of Executive Officers.

136. Until altered by the Lieutenant Governor in Council, the Great Seals of Ontario and Quebec respectively shall be the same, or of the same Design, as those used in the Provinces of Upper Canada and Lower Canada respectively before their Union as the Province of Canada.

Great Seals.

137. The words "and from thence to the End of the then next ensuing Session of the Legislature," or Words to the same Effect, used in any temporary Act of the Province of Canada not expired before the Union, shall be construed to extend and apply to the next Session of the Parliament of Canada if the Subject Matter of the Act is within the Powers of the same as defined by this Act, or to the next Sessions of the Legislatures of Ontario and Quebec respectively if the Subject Matter of the Act is within the Powers of the same as defined by this Act.

Construction of temporary Acts.

138. From and after the Union the Use of the Words "Upper Canada", instead of "Ontario," or "Lower Canada" instead of "Quebec," in any Deed, Writ, Process, Pleading, Document, Matter, or Thing shall not invalidate the same.

As to Errors in Names.

139. Any Proclamation under the Great Seal of the Province of Canada issued before the Union to take effect at a Time which is subsequent to the Union, whether relating to

As to issue of Proclamations before Union, to commence after Union.

---

(68) Probably spent.

that Province, or to Upper Canada, or to Lower Canada, and the several Matters and Things therein proclaimed, shall be and continue of like Force and Effect as if the Union had not been made. (69)

As to issue of Proclamations after Union.

140. Any Proclamation which is authorized by any Act of the Legislature of the Province of Canada to be issued under the Great Seal of the Province of Canada, whether relating to that Province, or to Upper Canada, or to Lower Canada, and which is not issued before the Union, may be issued by the Lieutenant Governor of Ontario or Quebec, as its Subject Matter requires, under the Great Seal thereof; and from and after the Issue of such Proclamation the same and the several Matters and Things therein proclaimed shall be and continue of the like Force and Effect in Ontario or Quebec as if the Union had not been made. (70)

Penitentiary.

141. The Penitentiary of the Province of Canada shall, until the Parliament of Canada otherwise provides, be and continue the Penitentiary of Ontario and of Quebec. (71)

Arbitration respecting Debts, etc.

142. The Division and Adjustment of the Debts, Credits, Liabilities, Properties, and Assets of Upper Canada and Lower Canada shall be referred to the Arbitrament of Three Arbitrators, One chosen by the Government of Ontario, One by the Government of Quebec, and One by the Government of Canada; and the Selection of the Arbitrators shall not be made until the Parliament of Canada and the Legislatures of Ontario and Quebec have met; and the Arbitrator chosen by the Government of Canada shall not be a Resident either in Ontario or in Quebec. (72)

Division of Records.

143. The Governor General in Council may from Time to Time order that such and so many of the Records, Books, and Documents of the Province of Canada as he thinks fit shall be appropriated and delivered either to Ontario or to Quebec, and the same shall thenceforth be the Property of that Province; and any Copy thereof or Extract therefrom, duly

---

(69) Probably spent.

(70) Probably spent.

(71) Spent. Penitentiaries are now provided for by the *Penitentiary Act*, R.S.C. 1970, c. P-6.

(72) Spent. See pages (xi) and (xii) of the Public Accounts, 1902-03.

certified by the Officer having charge of the Original thereof, shall be admitted as Evidence. (73)

Constitution of Townships in Quebec.

144. The Lieutenant Governor of Quebec may from Time to Time, by Proclamation under the Great Seal of the Province, to take effect from a Day to be appointed therein, constitute Townships in those Parts of the Province of Quebec in which Townships are not then already constituted, and fix the Metes and Bounds thereof.

145. Repealed. (74)

XI.—Admission of Other Colonies

Power to admit Newfoundland etc., into the Union.

146. It shall be lawful for the Queen, by and with the Advice of Her Majesty's Most Honourable Privy Council, on Addresses from the Houses of the Parliament of Canada, and from the Houses of the respective Legislatures of the Colonies or Provinces of Newfoundland, Prince Edward Island, and British Columbia, to admit those Colonies or Provinces, or any of them, into the Union, and on Address from the Houses of the Parliament of Canada to admit Rupert's Land and the North-western Territory, or either of them, into the Union, on such Terms and Conditions in each Case as are in the Addresses expressed and as the Queen thinks fit to approve, subject to the Provisions of this Act; and the Provisions of any Order in Council in that Behalf shall have effect as if they had been enacted by the Parliament of the United Kingdom of Great Britain and Ireland. (75)

---

(73) Probably spent. Two orders were made under this section on the 24th of January, 1868.

(74) Repealed by the *Statute Law Revision Act, 1893*, 56-57 Vict., c. 14, (U.K.). The section read as follows:

X.—Intercolonial Railway.

145. Inasmuch as the Provinces of Canada, Nova Scotia, and New Brunswick have joined in a Declaration that the Construction of the Intercolonial Railway is essential to the Consolidation of the Union of British North America, and to the Assent thereto of Nova Scotia and New Brunswick, and have consequently agreed that Provision should be made for its immediate Construction by the Government of Canada; Therefore, in order to give effect to that Agreement, it shall be the Duty of the Government and Parliment of Canada to provide for the Commencement, within Six Months after the Union, of a Railway connecting the River St. Lawrence with the City of Halifax in Nova Scotia, and for the Construction thereof without Intermission, and the Completion thereof with all practicable Speed.

(75) All territories mentioned in this section are now part of Canada. See the notes to section 5, *supra*.

As to Representation of Newfoundland and Prince Edward Island in Senate.

147. In case of the Admission of Newfoundland and Prince Edward Island, or either of them, each shall be entitled to a Representation in the Senate of Canada of Four Members, and (notwithstanding anything in this Act) in case of the Admission of Newfoundland the normal Number of Senators shall be Seventy-six and their maximum Number shall be Eighty-two; but Prince Edward Island when admitted shall be deemed to be comprised in the Third of Three Divisions into which Canada is, in relation to the Constitution of the Senate, divided by this Act, and accordingly, after the Admission of Prince Edward Island, whether Newfoundland is admitted or not, the Representation of Nova Scotia and New Brunswick in the Senate shall, as Vacancies occur, be reduced from Twelve to Ten Members respectively, and the Representation of each of those Provinces shall not be increased at any Time beyond Ten, except under the Provisions of this Act for the Appointment of Three or Six additional Senators under the Direction of the Queen. (76)

---

(76) Spent. See the notes to sections 21, 22, 26, 27 and 28, *supra*.

SCHEDULES

THE FIRST SCHEDULE. (77)

Electoral Districts of Ontario.

A.

EXISTING ELECTORAL DIVISIONS.

COUNTIES

1. Prescott.
2. Glengarry.
3. Stormont.
4. Dundas.
5. Russell.
6. Carleton.
7. Prince Edward.
8. Halton.
9. Essex.

RIDINGS OF COUNTIES.

10. North Riding of Lanark.
11. South Riding of Lanark.
12. North Riding of Leeds and North Riding of Grenville.
13. South Riding of Leeds.
14. South Riding of Grenville.
15. East Riding of Northumberland.
16. West Riding of Northumberland (excepting therefrom the Township of South Monaghan).
17. East Riding of Durham.
18. West Riding of Durham.
19. North Riding of Ontario.
20. South Riding of Ontario.
21. East Riding of York.
22. West Riding of York.
23. North Riding of York.
24. North Riding of Wentworth.
25. South Riding of Wentworth.
26. East Riding of Elgin.
27. West Riding of Elgin.
28. North Riding of Waterloo.

(77) Spent. *Representation Act*, R.S.O. 1970, c. 413.

29. South Riding of Waterloo.
30. North Riding of Brant.
31. South Riding of Brant.
32. North Riding of Oxford.
33. South Riding of Oxford.
34. East Riding of Middlesex.

CITIES, PARTS OF CITIES, AND TOWNS.

35. West Toronto.
36. East Toronto.
37. Hamilton.
38. Ottawa.
39. Kingston.
40. London.
41. Town of Brockville, with the Township of Elizabethtown thereto attached.
42. Town of Niagara, with the Township of Niagara, thereto attached.
43. Town of Cornwall, with the Township of Cornwall thereto attached.

B.

NEW ELECTORAL DISTRICTS.

44. The Provisional Judicial District of ALGOMA.

The County of BRUCE, divided into Two Ridings, to be called respectively the North and South Ridings: —

45. The North Riding of Bruce to consist of the Townships of Bury, Lindsay, Eastnor, Albermarle, Amable, Arran, Bruce, Elderslie, and Saugeen, and the Village of Southampton.

46. The South Riding of Bruce to consist of the Townships of Kincardine (including the Village of Kincardine), Greenock, Brant, Huron, Kinloss, Culross, and Carrick.

The County of HURON, divided into Two Ridings, to be called respectively the North and South Ridings: —

47. The North Riding to consist of the Townships of Ashfield, Wawanosh, Turnberry, Howick, Morris, Grey, Col-

borne, Hullett, including the Village of Clinton, and McKillop.

48. The South Riding to consist of the Town of Goderich and the Townships of Goderich, Tuckersmith, Stanley, Hay, Usborne, and Stephen.

The County of MIDDLESEX, divided into Three Ridings, to be called respectively the North, West, and East Ridings: —

49. The North Riding to consist of the Townships of McGillivray and Biddulph (taken from the County of Huron), and Williams East, Williams West, Adelaide, and Lobo.

50. The West Riding to consist of the Townships of Delaware, Carradoc, Metcalfe, Mosa and Ekfrid, and the Village of Strathroy.

[The East Riding to consist of the Townships now embraced therein, and be bounded as it is at present.]

51. The County of LAMBTON to consist of the Townships of Bosanquet, Warwick, Plympton, Sarnia, Moore, Enniskillen, and Brooke, and the Town of Sarnia.

52. The County of KENT to consist of the Townships of Chatham, Dover, East Tilbury, Romney, Raleigh, and Harwich, and the town of Chatham.

53. The County of BOTHWELL to consist of the Townships of Sombra, Dawn, and Euphemia (taken from the County of Lambton), and the Townships of Zone, Camden with the Gore thereof, Orford, and Howard (taken from the County of Kent).

The County of GREY divided into Two Ridings to be called respectively the South and North Ridings: —

54. The South Riding to consist of the Townships of Bentinck, Glenelg, Artemesia, Osprey, Normanby, Egremont, Proton, and Melancthon.

55. The North Riding to consist of the Townships of Collingwood, Euphrasia, Holland, Saint-Vincent, Sydenham, Sullivan, Derby, and Keppel, Sarawak and Brooke, and the Town of Owen Sound.

The County of PERTH divided into Two Ridings, to be called respectively the South and North Ridings: —

56. The North Riding to consist of the Townships of Wallace, Elma, Logan, Ellice, Mornington, and North Easthope, and the Town of Strathford.

57. The South Riding to consist of the Townships of Blanchard, Downie, South Easthope, Fullarton, Hibbert, and the Villages of Mitchell and Ste. Mary's.

The County of WELLINGTON divided into Three Ridings to be called respectively North, South and Centre Ridings: —

58. The North Riding to consist of the Townships of Amaranth, Arthur, Luther, Minto, Maryborough, Peel, and the Village of Mount Forest.

59. The Centre Riding to consist of the Townships of Garafraxa, Erin, Eramosa, Nichol, and Pilkington, and the Villages of Fergus and Elora.

60. The South Riding to consist of the Town of Guelph, and the Townships of Guelph and Puslinch.

The County of NORFOLK, divided into Two Ridings, to be called respectively the South and North Ridings:—

61. The South Riding to consist of the Townships of Charlotteville, Houghton, Walsingham, and Woodhouse, and with the Gore thereof.

62. The North Riding to consist of the Townships of Middleton, Townsend, and Windham, and the Town of Simcoe.

63. The County of HALDIMAND to consist of the Townships of Oneida, Seneca, Cayuga North, Cayuga South, Rainham, Walpole, and Dunn.

64. The County of MONCK to consist of the Townships of Canborough and Moulton, and Sherbrooke, and the Village of Dunnville (taken from the County of Haldimand), the Townships of Caister and Gainsborough (taken from the County of Lincoln), and the Townships of Pelham and Wainfleet (taken from the County of Welland).

65. The County of LINCOLN to consist of the Townships of Clinton, Grantham, Grimsby, and Louth, and the Town of St. Catherines.

66. The County of WELLAND to consist of the Townships of Bertie, Crowland, Humberstone, Stamford, Thorold, and Willoughby, and the Villages of Chippewa, Clifton, Fort Erie, Thorold, and Welland.

67. The County of PEEL to consist of the Townships of Chinguacousy, Toronto, and the Gore of Toronto, and the Villages of Brampton and Streetsville.

68. The County of CARDWELL to consist of the Townships of Albion and Caledon (taken from the County of Peel), and the Townships of Adjala and Mono (taken from the County of Simcoe).

The County of SIMCOE, divided into Two Ridings, to be called respectively the South and North Ridings:—

69. The South Riding to consist of the Townships of West Gwillimbury, Tecumseth, Innisfil, Essa, Tossorontio, Mulmur, and the Village of Bradford.

70. The North Riding to consist of the Townships of Nottawasaga, Sunnidale, Vespra, Flos, Oro, Medonte, Orillia and Matchedash, Tiny and Tay, Balaklava and Robinson, and the Towns of Barrie and Collingwood.

The County of VICTORIA, divided into Two Ridings, to be called respectively the South and North Ridings:—

71. The South Riding to consist of the Townships of Ops, Mariposa, Emily, Verulam, and the Town of Lindsay.

72. The North Riding to consist of the Townships of Anson, Bexley, Carden, Dalton, Digby, Eldon, Fenelon, Hindon, Laxton, Lutterworth, Macaulay and Draper, Sommerville, and Morrison, Muskoka, Monck and Watt (taken from the County of Simcoe), and any other surveyed Townships lying to the North of the said North Riding.

The County of PETERBOROUGH, divided into Two Ridings, to be called respectively the West and East Ridings:—

73. The West Riding to consist of the Townships of South Monaghan (taken from the County of Northumberland), North Monaghan, Smith, and Ennismore, and the Town of Peterborough.

74. The East Riding to consist of the Townships of Asphodel, Belmont and Methuen, Douro, Dummer, Galway, Harvey, Minden, Stanhope and Dysart, Otonabee, and Snowden, and the Village of Ashburnham, and any other surveyed Townships lying to the North of the said East Riding.

The County of HASTINGS, divided into Three Ridings, to be called respectively the West, East, and North Ridings:—

75. The West Riding to consist of the Town of Belleville, the Township of Sydney, and the Village of Trenton.

76. The East Riding to consist of the Townships of Thurlow, Tyendinaga, and Hungerford.

77. The North Riding to consist of the Townships of Rawdon, Huntingdon, Madoc, Elzevir, Tudor, Marmora, and Lake, and the Village of Stirling, and any other surveyed Townships lying to the North of the said North Riding.

78. The County of LENNOX, to consist of the Townships of Richmond, Adolphustown, North Fredericksburgh, South Fredericksburgh, Ernest Town, and Amherst Island, and the Village of Napanee.

79. The County of ADDINGTON to consist of the Townships of Camden, Portland, Sheffield, Hinchinbrooke, Kaladar, Kennebec, Olden, Oso, Anglesea, Barrie, Clarendon, Palmerston, Effingham, Abinger, Miller, Canonto, Denbigh, Loughborough, and Bedford.

80. The County of FRONTENAC to consist of the Townships of Kingston, Wolfe Island, Pittsburgh and Howe Island, and Storrington.

The County of RENFREW, divided into Two Ridings, to be called respectively the South and North Ridings:—

81. The South Riding to consist of the Townships of McNab, Bagot, Blithfield, Brougham, Horton, Admaston, Grattan, Matawatchan, Griffith, Lyndoch, Raglan, Radcliffe, Brudenell, Sebastopol, and the Villages of Arnprior and Renfrew.

82. The North Riding to consist of the Townships of Ross, Bromley, Westmeath, Stafford, Pembroke, Wilberforce, Alice, Petawawa, Buchanan, South Algoma, North Algoma, Fraser, McKay, Wylie, Rolph, Head, Maria, Clara, Haggerty, Sherwood, Burns, and Richards, and any other surveyed Townships lying Northwesterly of the said North Riding.

Every Town and incorporated Village existing at the Union, not specially mentioned in this Schedule, is to be taken as Part of the County or Riding within which it is locally situate.

THE SECOND SCHEDULE.

Electoral Districts of Quebec specially fixed.

COUNTIES OF—

Pontiac.	Missisquoi.	Compton.
Ottawa.	Brome.	Wolfe and
Argenteuil.	Shefford.	Richmond.
Huntingdon.	Stanstead.	Megantic.

Town of Sherbrooke.

THE THIRD SCHEDULE.

Provincial Public Works and Property to be the Property of Canada.

1. Canals, with Lands and Water Power connected therewith.

2. Public Harbours.
3. Lighthouses and Piers, and Sable Island.
4. Steamboats, Dredges, and public Vessels.
5. Rivers and Lake Improvements.
6. Railways and Railway Stocks, Mortgages, and other Debts due by Railway Companies.
7. Military Roads.
8. Custom Houses, Post Offices, and all other Public Buildings, except such as the Government of Canada appropriate for the Use of the Provincial Legislature and Governments.
9. Property transferred by the Imperial Government, and known as Ordinance Property.
10. Armouries, Drill Sheds, Military Clothing, and Munitions of War, and Lands set apart for general Public Purposes.

THE FOURTH SCHEDULE.

Assets to be the Property of Ontario and Quebec conjointly.

Upper Canada Building Fund.
Lunatic Asylums.
Normal School.
Court Houses, in Aylmer., Montreal., Kamouraska. } Lower Canada
Law Society, Upper Canada.
Montreal Turnpike Trust.
University Permanent Fund.
Royal Institution.
Consolidated Municipal Loan Fund, Upper Canada.
Consolidated Municipal Loan Fund, Lower Canada.
Agricultural Society, Upper Canada.
Lower Canada Legislative Grant.
Quebec Fire Loan.
Temiscouata Advance Account.
Quebec Turnpike Trust.
Education—East.
Building and Jury Fund, Lower Canada.

Municipalities Fund.
Lower Canada Superior Education Income Fund.

THE FIFTH SCHEDULE.

Oath of Allegiance.

I, *A.B.* do swear, That I will be faithful and bear true Allegiance to Her Majesty Queen Victoria.

Note.—The Name of the King or Queen of the United Kingdom of Great Britain and Ireland for the Time being is to be substituted from Time to Time, with Proper Terms of Reference thereto.

Declaration of Qualification.

I, *A.B.* do declare and testify, That I am by Law duly qualified to be appointed a Member of the Senate of Canada [*or as the Case may be*], and that I am legally or equitably seised as of Freehold for my own Use and Benefit of Lands or Tenements held in Free and Common Socage [*or* seised or possessed for my own Use and Benefit of Lands or Tenements held in Franc-alleu or in Roture (*as the Case may be*),] in the Province of Nova Scotia [*or as the Case may be*] of the Value of Four thousand Dollars over and above all Rents, Dues, Debts, Mortgages, Charges, and Incumbrances due or payable out of or charged on or affecting the same, and that I have not collusively or colourably obtained a Title to or become possessed of the said Lands and Tenements or any Part thereof for the Purpose of enabling me to become a Member of the Senate of Canada [*or as the Case may be*,] and that my Real and Personal Property are together worth Four thousand Dollars over and above my Debts and Liabilities.

THE SIXTH SCHEDULE. (78)

Primary Production from Non-Renewable Natural Resources and Forestry Resources

1. For the purposes of section 92A of this Act,

(*a*) production from a non-renewable natural resource is primary production therefrom if

(78) As enacted by the *Constitution Act, 1982.*

(i) it is in the form in which it exists upon its recovery or severance from its natural state, or

(ii) it is a product resulting from processing or refining the resource, and is not a manufactured product or a product resulting from refining crude oil, refining upgraded heavy crude oil, refining gases or liquids derived from coal or refining a synthetic equivalent or crude oil; and

(*b*) production from a forestry resource is primary production therefrom if it consists of sawlogs, poles, lumber, wood chips, sawdust or any other primary wood product, or wood pulp, and is not a product manufactured from wood.

CONSTITUTION ACT, 1982 (79)

SCHEDULE B

CONSTITUTION ACT, 1982

PART I

CANADIAN CHARTER OF RIGHTS AND FREEDOMS

Whereas Canada is founded upon principles that recognize the supremacy of God and the rule of law:

Guarantee of Rights and Freedoms

Rights and freedoms in Canada

1. The *Canadian Charter of Rights and Freedoms* guarantees the rights and freedoms set out in it subject only to such reasonable limits prescribed by law as can be demonstrably justified in a free and democratic society.

Fundamental Freedoms

Fundamental freedoms

2. Everyone has the following fundamental freedoms:

(*a*) freedom of conscience and religion;

(*b*) freedom of thought, belief, opinion and expression, including freedom of the press and other media of communication;

---

(79) Enacted as Schedule B to the *Canada Act 1982*, (U.K.) 1982, c. 11, which came into force on April 17, 1982. The *Canada Act 1982*, other than Schedules A and B thereto, reads as follows:

An Act to give effect to a request by the Senate and House of Commons of Canada

Whereas Canada has requested and consented to the enactment of an Act of the Parliament of the United Kingdom to give effect to the provisions hereinafter set forth and the Senate and the House of Commons of Canada in Parliament assembled have submitted an address to Her Majesty requesting that Her Majesty may graciously be pleased to cause a Bill to be laid before the Parliament of the United Kingdom for that purpose.

Be it therefore enacted by the Queen's Most Excellent Majesty, by and with the advice and consent of the Lords Spiritual and Temporal, and Commons, in this present Parliament assembled, and by the authority of the same, as follows:

1. The *Constitution Act, 1982* set out in Schedule B to this Act is hereby enacted for and shall have the force of law in Canada and shall come into force as provided in that Act.

2. No Act of the Parliament of the United Kingdom passed after the *Constitution Act, 1982* comes into force shall extend to Canada as part of its law.

3. So far as it is not contained in Schedule B, the French version of this Act is set out in Schedule A to this Act and has the same authority in Canada as the English version thereof.

4. This Act may be cited as the *Canada Act 1982*.

(*c*) freedom of peaceful assembly; and
(*d*) freedom of association.

Democratic Rights

Democratic rights of citizens

3. Every citizen of Canada has the right to vote in an election of members of the House of Commons or of a legislative assembly and to be qualified for membership therein.

Maximum duration of legislative bodies

4. (1) No House of Commons and no legislative assembly shall continue for longer than five years from the date fixed for the return of the writs of a general election of its members.(80)

Continuation in special circumstances

(2) In time of real or apprehended war, invasion or insurrection, a House of Commons may be continued by Parliament and a legislative assembly may be continued by the legislature beyond five years if such continuation is not opposed by the votes of more than one-third of the members of the House of Commons or the legislative assembly, as the case may be.(81)

Annual sitting of legislative bodies

5. There shall be a sitting of Parliament and of each legislature at least once every twelve months.(82)

Mobility Rights

Mobility of citizens

6. (1) Every citizen of Canada has the right to enter, remain in and leave Canada.

Rights to move and gain livelihood

(2) Every citizen of Canada and every person who has the status of a permanent resident of Canada has the right
(*a*) to move to and take up residence in any province; and
(*b*) to pursue the gaining of a livelihood in any province.

Limitation

(3) The rights specified in subsection (2) are subject to
(*a*) any laws or practices of general application in force in a province other than those that discriminate among

---

(80) See section 50 and the footnotes to sections 85 and 88 of the *Constitution Act, 1867*.

(81) Replaces part of Class 1 of section 91 of the *Constitution Act, 1867*, which was repealed as set out in subitem 1(3) of the Schedule to this Act.

(82) See the footnotes to sections 20, 86 and 88 of the *Constitution Act, 1867*.

persons primarily on the basis of province of present or previous residence; and
(*b*) any laws providing for reasonable residency requirements as a qualification for the receipt of publicly provided social services.

(4) Subsections (2) and (3) do not preclude any law, program or activity that has as its object the amelioration in a province of conditions of individuals in that province who are socially or economically disadvantaged if the rate of employment in that province is below the rate of employment in Canada.

Affirmative action programs

Legal Rights

7. Everyone has the right to life, liberty and security of the person and the right not to be deprived thereof except in accordance with the principles of fundamental justice.

Life, liberty and security of person

8. Everyone has the right to be secure against unreasonable search or seizure.

Search or seizure

9. Everyone has the right not to be arbitrarily detained or imprisoned.

Detention or imprisonment

10. Everyone has the right on arrest or detention
(*a*) to be informed promptly of the reasons therefor;
(*b*) to retain and instruct counsel without delay and to be informed of that right; and
(*c*) to have the validity of the detention determined by way of *habeas corpus* and to be released if the detention is not lawful.

Arrest or detention

11. Any person charged with an offence has the right
(*a*) to be informed without unreasonable delay of the specific offence;
(*b*) to be tried within a reasonable time;
(*c*) not to be compelled to be a witness in proceedings against that person in respect of the offence;
(*d*) to be presumed innocent until proven guilty according to law in a fair and public hearing by an independent and impartial tribunal;

Proceedings in criminal and penal matters

(*e*) not to be denied reasonable bail without just cause;

(*f*) except in the case of an offence under military law tried before a military tribunal, to the benefit of trial by jury where the maximum punishment for the offence is imprisonment for five years or a more severe punishment;

(*g*) not to be found guilty on account of any act or omission unless, at the time of the act or omission, it constituted an offence under Canadian or international law or was criminal according to the general principles of law recognized by the community of nations;

(*h*) if finally acquitted of the offence, not to be tried for it again and, if finally found guilty and punished for the offence, not to be tried or punished for it again; and

(*i*) if found guilty of the offence and if the punishment for the offence has been varied between the time of commission and the time of sentencing, to the benefit of the lesser punishment.

Treatment or punishment

12. Everyone has the right not to be subjected to any cruel and unusual treatment or punishment.

Self-crimination

13. A witness who testifies in any proceedings has the right not to have any incriminating evidence so given used to incriminate that witness in any other proceedings, except in a prosecution for perjury or for the giving of contradictory evidence.

Interpreter

14. A party or witness in any proceedings who does not understand or speak the language in which the proceedings are conducted or who is deaf has the right to the assistance of an interpreter.

Equality Rights

Equality before and under law and equal protection and benefit of law

15. (1) Every individual is equal before and under the law and has the right to the equal protection and equal benefit of the law without discrimination and, in particular, without discrimination based on race, national or ethnic origin, colour, religion, sex, age or mental or physical disability.

Affirmative action programs

(2) Subsection (1) does not preclude any law, program or activity that has as its object the amelioration of conditions of disadvantaged individuals or groups including those that are

disadvantaged because of race, national or ethnic origin, colour, religion, sex, age or mental or physical disability.

Official Languages of Canada

Official languages of Canada

16. (1) English and French are the official languages of Canada and have equality of status and equal rights and privileges as to their use in all institutions of the Parliament and government of Canada.

Official languages of New Brunswick

(2) English and French are the official languages of New Brunswick and have equality of status and equal rights and privileges as to their use in all institutions of the legislature and government of New Brunswick.

Advancement of status and use

(3) Nothing in this Charter limits the authority of Parliament or a legislature to advance the equality of status or use of English and French.

Proceedings of Parliament

17. (1) Everyone has the right to use English or French in any debates and other proceedings of Parliament.(83)

Proceedings of New Brunswick legislature

(2) Everyone has the right to use English or French in any debates and other proceedings of the legislature of New Brunswick.(84)

Parliamentary statutes and records

18. (1) The statutes, records and journals of Parliament shall be printed and published in English and French and both language versions are equally authoritative.(85)

New Brunswick statutes and records

(2) The statutes, records and journals of the legislature of New Brunswick shall be printed and published in English and French and both language versions are equally authoritative.(86)

Proceedings in courts established by Parliament

19. (1) Either English or French may be used by any person in, or in any pleading in or process issuing from, any court established by Parliament.(87)

---

(83) See section 133 of the *Constitution Act, 1867*, and the footnote thereto.

(84) *Id.*

(85) *Id.*

(86) *Id.*

(87) *Id.*

Proceedings in New Brunswick courts

(2) Either English or French may be used by any person in, or in any pleading in or process issuing from, any court of New Brunswick.(88)

Communications by public with federal institutions

20. (1) Any member of the public in Canada has the right to communicate with, and to receive available services from, any head or central office of an institution of the Parliament or government of Canada in English or French, and has the same right with respect to any other office of any such institution where

(*a*) there is a significant demand for communications with and services from that office in such language; or

(*b*) due to the nature of the office, it is reasonable that communications with and services from that office be available in both English and French.

Communications by public with New Brunswick institutions

(2) Any member of the public in New Brunswick has the right to communicate with, and to receive available services from, any office of an institution of the legislature or government of New Brunswick in English or French.

Continuation of existing constitutional provisions

21. Nothing in sections 16 to 20 abrogates or derogates from any right, privilege or obligation with respect to the English and French languages, or either of them, that exists or is continued by virtue of any other provision of the Constitution of Canada.(89)

Rights and privileges preserved

22. Nothing in sections 16 to 20 abrogates or derogates from any legal or customary right or privilege acquired or enjoyed either before or after the coming into force of this Charter with respect to any language that is not English or French.

Minority Language Educational Rights

Language of instruction

23. (1) Citizens of Canada

(*a*) whose first language learned and still understood is that of the English or French linguistic minority population of the province in which they reside, or

---

(88) *Id.*

(89) See, for example, section 133 of the *Constitution Act, 1867*, and the reference to the *Manitoba Act, 1870*, in the footnote thereto.

(*b*) who have received their primary school instruction in Canada in English or French and reside in a province where the language in which they received that instruction is the language of the English or French linguistic minority population of the province,

have the right to have their children receive primary and secondary school instruction in that language in that province.(90)

Continuity of language instruction

(2) Citizens of Canada of whom any child has received or is receiving primary or secondary school instruction in English or French in Canada, have the right to have all their children receive primary and secondary school instruction in the same language.

Application where numbers warrant

(3) The right of citizens of Canada under subsections (1) and (2) to have their children receive primary and secondary school instruction in the language of the English or French linguistic minority population of a province

(*a*) applies wherever in the province the number of children of citizens who have such a right is sufficient to warrant the provision to them out of public funds of minority language instruction; and

(*b*) includes, where the number of those children so warrants, the right to have them receive that instruction in minority language educational facilities provided out of public funds.

Enforcement

Enforcement of guaranteed rignts and freedoms

24. (1) Anyone whose rights or freedoms, as guaranteed by this Charter, have been infringed or denied may apply to a court of competent jurisdiction to obtain such remedy as the court considers appropriate and just in the circumstances.

Exclusion of evidence bringing administration of justice into disrepute

(2) Where, in proceedings under subsection (1), a court concludes that evidence was obtained in a manner that infringed or denied any rights or freedoms guaranteed by this Charter, the evidence shall be excluded if it is established that, having regard to all the circumstances, the admission of it in the proceedings would bring the administration of justice into disrepute.

---

(90) Paragraph 23(1)(*a*) is not in force in respect of Quebec. See section 59 *infra*.

General

Aboriginal rights and freedoms not affected by Charter

25. The guarantee in this Charter of certain rights and freedoms shall not be construed so as to abrogate or derogate from any aboriginal, treaty or other rights or freedoms that pertain to the aboriginal peoples of Canada including

(*a*) any rights or freedoms that have been recognized by the Royal Proclamation of October 7, 1763; and

(*b*) any rights or freedoms that may be acquired by the aboriginal peoples of Canada by way of land claims settlement.

Other rights and freedoms not affected by Charter

26. The guarantee in this Charter of certain rights and freedoms shall not be construed as denying the existence of any other rights or freedoms that exist in Canada.

Multicultural heritage

27. This Charter shall be interpreted in a manner consistent with the preservation and enhancement of the multicultural heritage of Canadians.

Rights guaranteed equally to both sexes

28. Notwithstanding anything in this Charter, the rights and freedoms referred to in it are guaranteed equally to male and female persons.

Rights respecting certain schools preserved

29. Nothing in this Charter abrogates or derogates from any rights or privileges guaranteed by or under the Constitution of Canada in respect of denominational, separate or dissentient schools.(91)

Application to territories and territorial authorities

30. A reference in this Charter to a Province or to the legislative assembly or legislature of a province shall be deemed to include a reference to the Yukon Territory and the Northwest Territories, or to the appropriate legislative authority thereof, as the case may be.

Legislative powers not extended

31. Nothing in this Charter extends the legislative powers of any body or authority.

Application of Charter

Application of Charter

32. (1) This Charter applies

(*a*) to the Parliament and government of Canada in respect of all matters within the authority of Parliament

---

(91) See section 93 of the *Constitution Act, 1867*, and the footnote thereto.

including all matters relating to the Yukon Territory and Northwest Territories; and

(*b*) to the legislature and government of each province in respect of all matters within the authority of the legislature of each province.

(2) Notwithstanding subsection (1), section 15 shall not have effect until three years after this section comes into force. Exception

33. (1) Parliament or the legislature of a province may expressly declare in an Act of Parliament or of the legislature, as the case may be, that the Act or a provision thereof shall operate notwithstanding a provision included in section 2 or sections 7 to 15 of this Charter. Exception where express declaration

(2) An Act or a provision of an Act in respect of which a declaration made under this section is in effect shall have such operation as it would have but for the provision of this Charter referred to in the declaration. Operation of exception

(3) A declaration made under subsection (1) shall cease to have effect five years after it comes into force or on such earlier date as may be specified in the declaration. Five year limitation

(4) Parliament or the legislature of a province may re-enact a declaration made under subsection (1). Re-enactment

(5) Subsection (3) applies in respect of a re-enactment made under subsection (4). Five year limitation

Citation

34. This Part may be cited as the *Canadian Charter of Rights and Freedoms*. Citation

PART II

RIGHTS OF THE ABORIGINAL PEOPLES OF CANADA

35. (1) The existing aboriginal and treaty rights of the aboriginal peoples of Canada are hereby recognized and affirmed. Recognition of existing aboriginal and treaty rights

(2) In this Act, "aboriginal peoples of Canada" includes the Indian, Inuit and Métis peoples of Canada. Definition of "aboriginal peoples of Canada"

PART III

EQUALIZATION AND REGIONAL DISPARITIES

Commitment to promote equal opportunities

36. (1) Without altering the legislative authority of Parliament or of the provincial legislatures, or the rights of any of them with respect to the exercise of their legislative authority, Parliament and the legislatures, together with the government of Canada and the provincial governments, are committed to

(*a*) promoting equal opportunities for the well-being of Canadians;

(*b*) furthering economic development to reduce disparity in opportunities; and

(*c*) providing essential public services of reasonable quality to all Canadians.

Commitment respecting public services

(2) Parliament and the government of Canada are committed to the principle of making equalization payments to ensure that provincial governments have sufficient revenues to provide reasonably comparable levels of public services at reasonably comparable levels of taxation. (92)

PART IV

CONSTITUTIONAL CONFERENCE

Constitutional conference

37. (1) A constitutional conference composed of the Prime Minister of Canada and the first ministers of the provinces shall be convened by the Prime Minister of Canada within one year after this Part comes into force.

Participation of aboriginal peoples

(2) The conference convened under subsection (1) shall have included in its agenda an item respecting constitutional matters that directly affect the aboriginal peoples of Canada, including the identification and definition of the rights of those peoples to be included in the Constitution of Canada, and the Prime Minister of Canada shall invite representatives of those peoples to participate in the discussions on that item.

Participation of territories

(3) The Prime Minister of Canada shall invite elected representatives of the governments of the Yukon Territory and the Northwest Territories to participate in the discus-

---

(92) See the footnotes to sections 114 and 118 of the *Constitution Act, 1867*.

sions on any item on the agenda of the conference convened under subsection (1) that, in the opinion of the Prime Minister, directly affects the Yukon Territory and the Northwest Territories.

PART V

PROCEDURE FOR AMENDING CONSTITUTION OF CANADA (93)

General procedure for amending Constitution of Canada

38. (1) An amendment to the Constitution of Canada may be made by proclamation issued by the Governor General under the Great Seal of Canada where so authorized by

(*a*) resolutions of the Senate and House of Commons; and

(*b*) resolutions of the legislative assemblies of at least two-thirds of the provinces that have, in the aggregate, according to the then latest general census, at least fifty per cent of the population of all the provinces.

Majority of members

(2) An amendment made under subsection (1) that derogates from the legislative powers, the proprietary rights or any other rights or privileges of the legislature or government of a province shall require a resolution supported by a majority of the members of each of the Senate, the House of Commons and the legislative assemblies required under subsection (1).

Expression of dissent

(3) An amendment referred to in subsection (2) shall not have effect in a province the legislative assembly of which has expressed its dissent thereto by resolution supported by a majority of its members prior to the issue of the proclamation to which the amendment relates unless that legislative assembly, subsequently, by resolution supported by a majority of its members, revokes its dissent and authorizes the amendment.

Revocation of dissent

(4) A resolution of dissent made for the purposes of subsection (3) may be revoked at any time before or after the issue of the proclamation to which it relates.

Restriction on proclamation

39. (1) A proclamation shall not be issued under subsection 38(1) before the expiration of one year from the adoption

---

(93) Prior to the enactment of Part V certain provisions of the Constitution of Canada and the provincial constitutions could be amended pursuant to the *Constitution Act, 1867*. See the footnotes to section 91, Class 1 and section 92, Class 1 thereof, *supra*. Other amendments to the Constitution could only be made by enactment of the Parliament of the United Kingdom.

of the resolution initiating the amendment procedure thereunder, unless the legislative assembly of each province has previously adopted a resolution of assent or dissent.

Idem

(2) A proclamation shall not be issued under subsection 38(1) after the expiration of three years from the adoption of the resolution initiating the amendment procedure thereunder.

Compensation

40. Where an amendment is made under subsection 38(1) that transfers provincial legislative powers relating to education or other cultural matters from provincial legislatures to Parliament, Canada shall provide reasonable compensation to any province to which the amendment does not apply.

Amendment by unanimous consent

41. An amendment to the Constitution of Canada in relation to the following matters may be made by proclamation issued by the Governor General under the Great Seal of Canada only where authorized by resolutions of the Senate and House of Commons and of the legislative assembly of each province:

(*a*) the office of the Queen, the Governor General and the Lieutenant Governor of a province;

(*b*) the right of a province to a number of members in the House of Commons not less than the number of Senators by which the province is entitled to be represented at the time this Part comes into force;

(*c*) subject to section 43, the use of the English or the French language;

(*d*) the composition of the Supreme Court of Canada; and

(*e*) an amendment to this Part.

Amendment by general procedure

42. (1) An amendment to the Constitution of Canada in relation to the following matters may be made only in accordance with subsection 38(1):

(*a*) the principle of proportionate representation of the provinces in the House of Commons prescribed by the Constitution of Canada;

(*b*) the powers of the Senate and the method of selecting Senators;

(*c*) the number of members by which a province is entitled to be represented in the Senate and the residence qualifications of Senators;

(*d*) subject to paragraph 41(*d*), the Supreme Court of Canada;

(*e*) the extension of existing provinces into the territories; and

(*f*) notwithstanding any other law or practice, the establishment of new provinces.

Exception

(2) Subsections 38(2) to (4) do not apply in respect of amendments in relation to matters referred to in subsection (1).

Amendment of provisions relating to some but not all provinces

43. An amendment to the Constitution of Canada in relation to any provision that applies to one or more, but not all, provinces, including

(*a*) any alteration to boundaries between provinces, and

(*b*) any amendment to any provision that relates to the use of the English or the French language within a province,

may be made by proclamation issued by the Governor General under the Great Seal of Canada only where so authorized by resolutions of the Senate and House of Commons and of the legislative assembly of each province to which the amendment applies.

Amendments by Parliament

44. Subject to sections 41 and 42, Parliament may exclusively make laws amending the Constitution of Canada in relation to the executive government of Canada or the Senate and House of Commons.

Amendments by provincial legislatures

45. Subject to section 41, the legislature of each province may exclusively make laws amending the constitution of the province.

Initiation of amendment procedures

46. (1) The procedures for amendment under sections 38, 41, 42 and 43 may be initiated either by the Senate or the House of Commons or by the legislative assembly of a province.

Revocation of authorization

(2) A resolution of assent made for the purposes of this Part may be revoked at any time before the issue of a proclamation authorized by it.

Amendments without Senate resolution

47. (1) An amendment to the Constitution of Canada made by proclamation under section 38, 41, 42 or 43 may be made without a resolution of the Senate authorizing the issue of the proclamation if, within one hundred and eighty days after the adoption by the House of Commons of a resolution authorizing its issue, the Senate has not adopted such a resolution and if, at any time after the expiration of that period, the House of Commons again adopts the resolution.

Computation of period

(2) Any period when Parliament is prorogued or dissolved shall not be counted in computing the one hundred and eighty day period referred to in subsection (1).

Advice to issue proclamation

48. The Queen's Privy Council for Canada shall advise the Governor General to issue a proclamation under this Part forthwith on the adoption of the resolutions required for an amendment made by proclamation under this Part.

Constitutional conference

49. A constitutional conference composed of the Prime Minister of Canada and the first ministers of the provinces shall be convened by the Prime Minister of Canada within fifteen years after this Part comes into force to review the provisions of this Part.

PART VI

AMENDMENT TO THE CONSTITUTION ACT, 1867

50. (94)

51. (95)

PART VII

GENERAL

Primacy of Constitution of Canada

52. (1) The Constitution of Canada is the supreme law of Canada, and any law that is inconsistent with the provisions of the Constitution is, to the extent of the inconsistency, of no force or effect.

Constitution of Canada

(2) The Constitution of Canada includes

---

(94) The amendment is set out in the Consolidation of the *Constitution Act, 1867*, as section 92A thereof.

(95) The amendment is set out in the Consolidation of the *Constitution Act, 1867*, as the Sixth Schedule thereof.

(*a*) the *Canada Act 1982*, including this Act;
(*b*) the Acts and orders referred to in the schedule; and
(*c*) any amendment to any Act or order referred to in paragraph (*a*) or (*b*).

Amendments to Constitution of Canada

(3) Amendments to the Constitution of Canada shall be made only in accordance with the authority contained in the Constitution of Canada.

Repeals and new names

53. (1) The enactments referred to in Column I of the schedule are hereby repealed or amended to the extent indicated in Column II thereof and, unless repealed, shall continue as law in Canada under the names set out in Column III thereof.

Consequential amendments

(2) Every enactment, except the *Canada Act 1982*, that refers to an enactment referred to in the schedule by the name in Column I thereof is hereby amended by substituting for that name the corresponding name in Column III thereof, and any British North America Act not referred to in the schedule may be cited as the *Constitution Act* followed by the year and number, if any, of its enactment.

Repeal and consequential amendments

54. Part IV is repealed on the day that is one year after this Part comes into force and this section may be repealed and this Act renumbered, consequentially upon the repeal of Part IV and this section, by proclamation issued by the Governor General under the Great Seal of Canada. (96)

French version of Constitution of Canada

55. A French version of the portions of the Constitution of Canada referred to in the schedule shall be prepared by the Minister of Justice of Canada as expeditiously as possible and, when any portion thereof sufficient to warrant action being taken has been so prepared, it shall be put forward for enactment by proclamation issued by the Governor General under the Great Seal of Canada pursuant to the procedure then applicable to an amendment of the same provisions of the Constitution of Canada.

English and French versions of certain constitutional texts

56. Where any portion of the Constitution of Canada has been or is enacted in English and French or where a French version of any portion of the Constitution is enacted pursuant

(96) Part VII came into force on April 17, 1982. *See* SI/82-97.

to section 55, the English and French versions of that portion of the Constitution are equally authoritative.

English and French versions of this Act

57. The English and French versions of this Act are equally authoritative.

Commencement

58. Subject to section 59, this Act shall come into force on a day to be fixed by proclamation issued by the Queen or the Governor General under the Great Seal of Canada. (97)

Commencement of paragraph 23(1)(*a*) in respect of Quebec

59. (1) Paragraph 23(1)(*a*) shall come into force in respect of Quebec on a day to be fixed by proclamation issued by the Queen or the Governor General under the Great Seal of Canada.

Authorization of Quebec

(2) A proclamation under subsection (1) shall be issued only where authorized by the legislative assembly or government of Quebec. (98)

Repeal of this section

(3) This section may be repealed on the day paragraph 23(1)(*a*) comes into force in respect of Quebec and this Act amended and renumbered, consequentially upon the repeal of this section, by proclamation issued by the Queen or the Governor General under the Great Seal of Canada.

Short title and citations

60. This Act may be cited as the *Constitution Act, 1982*, and the Constitution Acts 1867 to 1975 (No. 2) and this Act may be cited together as the *Constitution Acts, 1867 to 1982.*

---

(97) The Act, with the exception of paragraph 23(1)(*a*) in respect of Quebec, came into force on April 17, 1982 by proclamation issued by the Queen. *See* SI/82-97.

(98) No proclamation has been issued under section 59.

SCHEDULE

to the

CONSTITUTION ACT, 1982

MODERNIZATION OF THE CONSTITUTION

Item	Column I Act Affected	Column II Amendment	Column III New Name
1.	British North America Act, 1867, 30-31 Vict., c. 3 (U.K.)	(1) Section 1 is repealed and the following substituted therefor: "1. This Act may be cited as the *Constitution Act, 1867*." (2) Section 20 is repealed. (3) Class 1 of section 91 is repealed. (4) Class 1 of section 92 is repealed.	Constitution Act, 1867
2.	An Act to amend and continue the Act 32-33 Victoria chapter 3; and to establish and provide for the Government of the Province of Manitoba, 1870, 33 Vict., c. 3 (Can.)	(1) The long title is repealed and the following substituted therefor: "*Manitoba Act, 1870*." (2) Section 20 is repealed.	Manitoba Act, 1870
3.	Order of Her Majesty in Council admitting Rupert's Land and the North-Western Territory into the union, dated the 23rd day of June, 1870		Rupert's Land and North-Western Territory Order

SCHEDULE

to the

CONSTITUTION ACT, 1982—*Continued*

Item	Column I Act Affected	Column II Amendment	Column III New Name
4.	Order of Her Majesty in Council admitting British Columbia into the Union, dated the 16th day of May, 1871.		British Columbia Terms of Union
5.	British North America Act, 1871, 34-35 Vict., c. 28 (U.K.)	Section 1 is repealed and the following substituted therefor: "1. This Act may be cited as the *Constitution Act, 1871*."	Constitution Act, 1871
6.	Order of Her Majesty in Council admitting Prince Edward Island into the Union, dated the 26th day of June, 1873.		Prince Edward Island Terms of Union
7.	Parliament of Canada Act, 1875, 38-39 Vict., c. 38 (U.K.)		Parliament of Canada Act, 1875
8.	Order of Her Majesty in Council admitting all British possessions and Territories in North America and islands adjacent thereto into the Union, dated the 31st day of July, 1880.		Adjacent Territories Order

SCHEDULE

to the

CONSTITUTION ACT, 1982—*Continued*

Item	Column I Act Affected	Column II Amendment	Column III New Name
9.	British North America Act, 1886, 49-50 Vict., c. 35 (U.K.)	Section 3 is repealed and the following substituted therefor: "3. This Act may be cited as the *Constitution Act, 1886*."	Constitution Act, 1886
10.	Canada (Ontario Boundary) Act, 1889, 52-53 Vict., c. 28 (U.K.)		Canada (Ontario Boundary) Act, 1889
11.	Canadian Speaker (Appointment of Deputy) Act, 1895, 2nd Sess., 59 Vict., c. 3 (U.K.)	The Act is repealed.	
12.	The Alberta Act, 1905, 4-5 Edw. VII, c. 3 (Can.)		Alberta Act
13.	The Saskatchewan Act, 1905, 4-5 Edw. VII, c. 42 (Can.)		Saskatchewan Act
14.	British North America Act, 1907, 7 Edw. VII, c. 11 (U.K.)	Section 2 is repealed and the following substituted therefor: "2. This Act may be cited as the *Constitution Act, 1907*."	Constitution Act, 1907

SCHEDULE

to the

CONSTITUTION ACT, 1982—*Continued*

Item	Column I Act Affected	Column II Amendment	Column III New Name
15.	British North America Act, 1915, 5-6 Geo. V, c. 45 (U.K.)	Section 3 is repealed and the following substituted therefor: "3. This Act may be cited as the *Constitution Act, 1915*."	Constitution Act, 1915
16.	British North America Act, 1930, 20-21 Geo. V, c. 26 (U.K.)	Section 3 is repealed and the following substituted therefor: "3. This Act may be cited as the *Constitution Act, 1930*."	Constitution Act, 1930
17.	Statute of Westminster, 1931, 22 Geo. V, c. 4 (U.K.)	In so far as they apply to Canada, (*a*) section 4 is repealed; and (*b*) subsection 7(1) is repealed.	Statute of Westminster, 1931
18.	British North America Act, 1940, 3-4 Geo. VI, c. 36 (U.K.)	Section 2 is repealed and the following substituted therefor: "2. This Act may be cited as the *Constitution Act, 1940*."	Constitution Act, 1940
19.	British North America Act, 1943, 6-7 Geo. VI, c. 30 (U.K.)	The Act is repealed.	

SCHEDULE

to the

CONSTITUTION ACT, 1982—*Continued*

Item	Column I Act Affected	Column II Amendment	Column III New Name
20.	British North America Act, 1946, 9-10 Geo. VI, c. 63 (U.K.)	The Act is repealed.	
21.	British North America Act, 1949, 12-13 Geo. VI, c. 22 (U.K.)	Section 3 is repealed and the following substituted therefor: "3. This Act may be cited as the *Newfoundland Act*."	Newfoundland Act
22.	British North America (No. 2) Act, 1949, 13 Geo. VI, c. 81 (U.K.)	The Act is repealed.	
23.	British North America Act, 1951, 14-15 Geo. VI, c. 32 (U.K.)	The Act is repealed.	
24.	British North America Act, 1952, 1 Eliz. II, c. 15 (Can.)	The Act is repealed.	
25.	British North America Act, 1960, 9 Eliz. II, c. 2 (U.K.)	Section 2 is repealed and the following substituted therefor: "2. This Act may be cited as the *Constitution Act, 1960*."	Constitution Act, 1960

SCHEDULE

to the

CONSTITUTION ACT, 1982—*Continued*

Item	Column I Act Affected	Column II Amendment	Column III New Name
26.	British North America Act, 1964, 12-13 Eliz. II, c. 73 (U.K.)	Section 2 is repealed and the following substituted therefor: "2. This Act may be cited as the *Constitution Act, 1964*."	Constitution Act, 1964
27.	British North America Act, 1965, 14 Eliz. II, c. 4, Part I (Can.)	Section 2 is repealed and the following substituted therefor: "2. This Part may be cited as the *Constitution Act, 1965*."	Constitution Act, 1965
28.	British North America Act, 1974, 23 Eliz. II, c. 13, Part I (Can.)	Section 3, as amended by 25-26 Eliz. II, c. 28, s. 38(1) (Can.), is repealed and the following substituted therefor: "3. This Part may be cited as the *Constitution Act, 1974*."	Constitution Act, 1974
29.	British North America Act, 1975, 23-24 Eliz. II, c. 28, Part I (Can.)	Section 3, as amended by 25-26 Eliz. II, c. 28, s. 31 (Can.), is repealed and the following substituted therefor: "3. This Part may be cited as the *Constitution Act (No. 1), 1975*."	Constitution Act (No. 1), 1975

SCHEDULE

to the

CONSTITUTION ACT, 1982—*Concluded*

Item	Column I Act Affected	Column II Amendment	Column III New Name
30.	British North America Act (No. 2), 1975, 23-24 Eliz. II, c. 53 (Can.)	Section 3 is repealed and the following substituted therefor: "3. This Act may be cited as the *Constitution Act (No. 2), 1975*."	Constitution Act (No. 2), 1975